经验，看不见的陷阱

提升你的管理思维

徐建明　著

图书在版编目（CIP）数据

经验，看不见的陷阱：提升你的管理思维 / 徐建明著 . -- 宁波：宁波出版社，2024.2
ISBN 978-7-5526-5279-6

Ⅰ.①经… Ⅱ.①徐… Ⅲ.①企业管理—通俗读物 Ⅳ.① F272-49

中国国家版本馆 CIP 数据核字（2024）第 036750 号

版权合同登记号：图字 11—2023—266

经验，看不见的陷阱：提升你的管理思维
JINGYAN KANBUJIAN DE XIANJING：TISHENG NIDE GUANLI SIWEI

徐建明　著

出版发行	宁波出版社
	（宁波市甬江大道 1 号宁波书城 8 号楼 6 楼　315040）
责任编辑	洪可玮
责任校对	余怡荻
装帧设计	金字斋
印　　刷	宁波白云印刷有限公司
开　　本	889mm×1194mm　1/32
印　　张	5
字　　数	100 千
版　　次	2024 年 2 月第 1 版
印　　次	2024 年 2 月第 1 次印刷
标准书号	ISBN 978-7-5526-5279-6
定　　价	50.00 元

如发现缺页或倒装，影响阅读，请与出版社联系调换，联系电话：0574-87248279

序

我自1980年年初加入3M公司至2014年年中退休,在3M公司服务长达三十四年。从初级业务员的工作开始,到担任全球子公司总经理的过程中,我更换了不少职务,有的是管理职务,有的是其他职务。我在中国台湾进入公司,几年后被外派到中国大陆地区,接着负责亚太地区的工作,进而延伸到全球又回到亚洲,在不同的工作岗位及各个地区,通过不断地观察、学习获取经验。

我退休后到健峰企管集团服务,这是台湾桃园人在宁波余姚开办的一家颇具规模、以教育训练为主的顾问公司,我为他们设计了有关创新及领导的课程。除了开班教学,我也参加了许多演讲及沙龙,我特别喜欢参加所谓的沙龙,一方面让我有机会在大陆的各大都市走走,另一方面也让我了解了企业的情况及大家常遇到的问题。

与此同时,我也利用这些机会去比较东西方国家及地区受文化及生活环境的差异影响，表现在商业行为上的差异。我趁着有空的时候，把这些心得记下来，没想到一写就写了一百多页，我就干脆把它编辑成一本书，这一开始是不在我的计划之中的。

我因工作的缘故，常在亚洲和美洲之间往返，有一段时间负责了一个全球项目，又在亚洲和欧洲之间往返，感受最深的是在亚洲的东方人（以比较先进的东北亚国家为代表）赚的是辛苦钱，而欧美的西方人则赚的是轻松钱。所以在日本、韩国和大中华地区的人，如果要成功就必须努力，而且要非常努力，要从小努力读书，考进好的学校，进入企业后要努力学习和工作，努力是成功的唯一途径。但是在西方，则必须要聪明，就算没有进入有名的大学，或是大学根本没有毕业，只要你够聪明，都有成功的希望。聪明是成功的主要条件。

所以在亚洲，大部分的企业（包括那些大型外资企业），员工们都是从早上九点工作到晚上六七点才下班，一年来只休几天假。就算休假，还是手机、笔记本电脑随身携带，生怕漏掉什么紧急的事情。可是西方人的方法就不一样了，当然人很早就到办公室，可是下午四点，办公室就很空了，星期五下午更不用说，一年休个三四十天的假是小意思，休假时是不回电话和邮件的。

我们很难去论断到底谁是谁非，不过每年看福布斯的前百大企业排行榜，基本上还是西方的企业占了大部分，日本在 20 世纪 80 到 90 年代时大有超越西方的架势，很不幸的只是昙花一现。

前阵子我常常看到一些报道，许多资深的企业大佬都在抱怨现在的年轻人不像他们过去那么努力，只追求享受，走快捷方式，其实我觉得是西方过去这二十多年来的潮流涌向东方，无论是思想的逻辑还是生活的方式，都影响到这一代的年轻人。我们不能说这是进步，只能说这是个无法阻挡的潮流。我们不能再期待年轻一代会接受努力才会成功的观念，可是我们同时也要快速把西方所有的优点学习起来，不能只学习人家轻松的一面。为此，我把我的所看所学记录下来，希望能给后辈分享我的经验，那这本书就有它的价值了。

徐建明

2023 年 3 月

目 录

第一章。关于学习这件事

一、我是初级业务代表 /003

二、兔子与猎人的故事 /008

三、年复一年,你打算怎么过 /012

四、企图心会改变一切 /016

五、我想问一个问题 /022

六、是"时势造英雄",还是"英雄造时势" /026

第二章。关于领导这件事

一、我不一定要知道,但得确定你一定知道 /031

二、暂停的艺术 /036

三、你可能未经历的中国市场 /039

四、被解雇的代价 /044

五、你是商人还是企业家 /048

六、不要当个万能老板 /052

七、经验是看不见的陷阱 /057

八、好一个"玉面杀手" /060

九、守纪律，守的是什么 /065

十、犯了错该怎么办 /070

十一、老板与我 /073

十二、员工向心力的力量 /078

十三、何谓授权 /085

十四、Six Sigma 风暴 /090

十五、考绩打了没 /094

十六、生意不好是谁的错 /099

第三章•关于跨文化这件事

一、在文化差异里找趣味 /105

二、跨语言的趣味 /109

三、旅行的故事 /113

四、随地而吃 /117

第四章 · 关于创新这件事

一、《愤怒的小鸟》与创可贴 /125

二、谁在公司里创新 /128

三、如何为创新设定目标 /131

四、创新其实有公式可循 /137

五、建立企业家精神文化 /142

后　记 /147

第一章

关于学习这件事

一、我是初级业务代表

在20世纪80年代初期,业务员似乎被视为一种较不入流的职业,一般人印象中的业务员,大多是那些沿街敲门推销商品的人。从退伍后我一直担任所谓工程师的职务,那是一种看似比较专业,且有着稳定收入的职业。

那时正好赶上了中国台湾建筑业起飞的时候,我有机会接到了许多所谓"论件计酬"的工作,赶个通宵,一晚可以完成一张图纸,酬劳约是八百元新台币。我记得那时公务员一个月的薪水也不过四五千元新台币,因此拿到这份酬劳对一个刚退伍的大学毕业生来说,应该很满足了。

不过,每当夜深人静时,我坐在绘图桌前,却还是不禁思考:"我要就这样一辈子在图纸上度过吗?"做设计的工作常常要见到许多业务员,他们提供水电工程中应该有的设备,如开关、灯具等。我觉得说服别人去购买自己推销的产品这类工作很具有挑战性,或许我可以去当个业务员吧?

后来进入 3M 公司,我第一次做业务员的工作。我拿到我的新名片,看到我的中文职称"初级业务代表"。居然还加了"初级"两个字!询问人事部后得到了回答:"你过去没有做业务员的经验,因此是从最低阶做起……"想不到业务代表还分层级,不都一样是卖东西吗?

刚接任业务代表的职务时,对我来说最大的挑战就是如何和客户约定会面。我的前任因为违反公司规定而被开除,弄得不欢而散,因此没有留下什么客户数据,我只能从头摸索。幸好客户们对公司的产品都还算有兴趣,也觉得我这个菜鸟还算认真。再加上我接触的大部分是工程师,和我的工程师背景,大家都相处得还可以,过了一段时间后,渐渐地越混越熟了。

但很快我也察觉到,只跟工程师们接触,是没办法拿到订单的。有一天,负责设计的工程师对我说:"你们的产品还不错,你提供的数据也很详尽,我对你们的产品是蛮有信心的。只不过决定权还是落在上层。我们能做的都已经做了。"我心想,应该是时候去见技术处处长了。

好不容易和处长秘书约好时间,可不能把机会给搞砸。因此在会面前,我不仅将产品数据准备齐全,装订完整,还特别挑选了未开封的样品,并且经过反复练习,准备迎接会面日的到来。

迄今我都还记得,那是一个星期五的下午四点,因为处长的前一场会议结束时间延迟,经过三十分钟的等待,我才终于盼到他走来。"杨处长您好,我是 3M 公司的徐建明,负责通信及电力产品,这是我的名片。"我一边做自我介绍,一边赶紧双手将名片递上,同时有些惴惴不安,担心他看到名片上的"初级"二字,会认为我不够格和他谈。

没想到他很客气:"哦,我知道你们公司,听说是一个非常有创意的公司,没想到你们也生产通信产品。"他这么一说,我原来紧张担忧的情绪平复了,也赶紧把握机会简单介绍了一下公司,接着详述通信产品部门及我们为他们推荐的产品、产品使用的地方、产品的特性、产品的优点,等等。没想到一谈就是两个多小时,远超过他五点半的下班时间。

会谈结束前他对我说:"没想到你对我们的网络系统这么熟悉,你们的产品在我们网络系统内的使用效果,请你随时来和我报告,你可以随时和我的秘书约时间,我会交代她。"于是后来的两三年间,我几乎每个月都会和他见一次面,除了报告 3M 产品在现场使用的情况与效果,也讨论通信网络的新技术。

为了这每月一次的会面,我不仅经常要和总部索取各种新技术资料,更得想办法去深入了解产品。后来我发现,这些付出不仅帮我抓住了重要客户,我也因此学到许多受用无穷的专业知识。

"名片上的职衔不等于实力",这样的认知在我日后担任主管时产生了很大的影响。

记得有一次美国总公司电力产品部门总裁要来我们这里拜访,并提出希望见到中国台湾电力公司高层的请求,希望可以借此了解台湾电力系统规划,也分享3M在电力网络技术上的新技术。当时担任事业群经理的我,决定将这个任务交给电力产品部的业务员Terry。

"我只是一个小小的业务员,怎么能去会见这么重要的人物?"Terry对我的决定感到不解,而我则是告诉他:"在公司眼中,你掌管电力产品的业务,也就是公司电力产品的负责人,我是这么看你的。问题是,你怎么看你自己?"

其实我很清楚Terry是个很灵活也很有能力的业务员,相信他可以完成这个任务。实际上,在摆脱自我怀疑之后,Terry不仅如期约到台电总经理,且等到了一场非常成功的会面。

可能因为我是业务员出身,即使担任总经理后,我还是很喜欢拜访客户。和业务员一同去拜访客户时,我的开场白通常是"谢谢您抽出时间和我们见面,我是3M公司的客户经理"。接着我就会开始介绍坐在身旁的同人:"这位是我们公司负责服务贵公司业务的×××,他是我们公司内部最优秀的员工之一。贵公司是我们公司非常重要的客户,我们必须挑选最有能力的人来支持你们。"对于我的介绍,业务员们都觉得很感动,因而他们的自信心大大提升,也赢得了客户的信任,这对他们往后工作,可以带来很大的帮助。

有一次,在公司每月的主管会议上,由人事部门提出了一个"外部职务名称"提案。

这个提案背景是 3M 全球通用的职务名称制度。在这个制度下,子公司人员最高职称是 Managing Director,也就是一般称呼的总经理。在此之下,最高职称是 Senior Manager(资深经理),而大部分中层主管使用的职称则是 Manager(经理)或 Supervisor(主任)。

乍看之下,这与外面其他公司随便递一张名片就是总裁、总监、总经理的"总字辈"一比,立刻矮了一截,所以许多主管都曾提议,公司内部英文职称考虑到总公司规定不宜变动,但对外使用的本地语言职称则应该配合各地区市场文化及习惯改变。

最终经过一番激烈讨论,大家统一决定让所有一级业务主管对外使用"业务副总"职称,支持单位的一级主管则叫作"总监"(人事总监、财务总监)。

而在会议结束前,人事经理问我有什么看法,我说:"我对职称倒是没有什么意见。重要的是,我要提醒大家,当你把副总的名片递出来,你说话的内容、专业知识、行为举止也要像个副总。"

我接着说:"重要的不是你的头衔,而是你的能力。因为头衔可以带来的好处只有开始的几分钟,接着就要考验你的真本领,到时候,你的头衔愈高,对方的期待也愈高,千万不要弄巧成拙,反而被看扁了。"

二、兔子与猎人的故事

北方森林中住了个猎人，他每天外出打猎，狩猎的对象主要是兔子。猎捕到兔子后，他会把兔子杀了，卖掉兔子的肉及皮毛。这个森林里居住了很多的兔子，猎人只要每天在森林里随便待三四个小时就可以猎捕到足够的兔子，也因此他的生活过得很充实。

有一年发生了干旱，农作物歉收，许多农夫都转行当猎人。森林里的猎人突然变多，兔子的数量急剧减少，猎人在森林里逛了一整天却不见兔子的踪影。好不容易瞥见了一只，却立刻被别的猎人给猎捕走了。

但有一位猎人特别用心，他研究兔子的行为，观察兔子的起居，他发现这个森林的兔子每天黄昏前都会到森林边境的一处河边喝水。于是这位猎人每天睡到中午，起床，吃饭，好整以暇，背着猎枪散步到河边，轻易地就猎捕到了一天所需要的兔子量。

这个猎人的名字，就叫 Marketer。

这是 20 世纪 90 年代初期我被派驻中国大陆时，在一场部门年度会议上分享的，这是我自己编撰的一个故事。你或许会觉得奇怪，年度会议不谈目标、不谈业绩，讲什么故事？但如果你了解当下的时空背景，应该就能理解这个故事之于 3M 在中国市场起步的重要性。

改革开放前，大陆采取的是计划经济，简单来说就是生产什么就销售什么，销售什么就使用什么，没有人去研究市场要什么、客户需要什么，那些都不重要。

但改革开放后，有一些外国企业开始进来了，也带入一些市场营销的观念。即便如此，当时的中国市场就像是一片未被开采过的金矿，因为市场需求够大，在供小于求的状况下，根本也无所谓市场竞争，自然有关于营销的议题引起不了太多兴趣。

所以虽然按照当时 3M 分公司的组织编制，每个产品营销业务部都会配置至少一位营销人员。可是大部分的产品营销业务主管都是从资深业务人员升上来的，一向以业务挂帅，其实不理解营销工作。于是衍生出来的状况就会是，找进来的营销人员主要在帮业务主管做文字处理工作，如查订单、追库存，其实更类似于业务助理的角色，因此大多待不久就离职了。

当时我试过从中国台湾带入一些营销领域的书,也提供一些训练,却收不到太好的成效。因此我才想出了开场那段故事。

我对在场的员工说:"我们进入市场较早,过去业务所烦恼的是货交不出来,而不是拿不到订单。可是这几年来,市场上的竞争对手每天都在增加,竞争愈来愈激烈,要保持业务的增长,单靠增加业务人手已经看不到成果,我们要做的是去充分了解客户的需求、我们在市场中的地位以及产业趋势,以此来制订我们的策略和执行计划。这样才能有事半功倍的成效,就像是在故事中的那个猎人。"

自我讲了这个故事后,业务部同人对营销议题的重视程度明显不同于以往,几位年轻营销人员的士气也被提振不少,为业务成长做出了很大的贡献。

不过一段时间之后,营销人员的离职率又开始拉高,而原因真不知道该说是让人骄傲还是难过:挖角!当时我们有位初阶营销人员才做了一年多,就被请到别的公司做营销经理,也难怪留不住人。

这个故事虽然发生在三十多年前的中国大陆,但放眼今日亚洲新兴市场,仍是一点都不陌生。

亚洲新兴国家企业一般多是以代工为主的制造业起家,既然是代工,就只赚微薄的工钱。以一部手机卖一千美元做假设,代工厂甚至赚不到十美元。即使是 OEM(原始设备制造商）做久了，慢慢累积出心得，进到所谓 ODM（原始设计制造商）阶段，将业务向上延伸到产品设计，一路设计、选材、制造，完全包办，但最关键的是，利润最多的产品和品牌终究不是自己的。

没有自己的产品，意味着市场及客户还是掌握在国外大型企业手中。也正因为如此，一般公司觉得营销不重要，把所有资源投入到研发和制造上，心想：只要我能做出好用又便宜的产品，还怕没有人买吗？

这也是为什么这些年来我观察到，一般中小企业，很少有比较有实力的企划单位及专业人员。多数时候，要开发什么产品，就是老板出主意，然后由研发主管拟定执行方案，至于这个新产品能不能成为爆品，就听天由命了。

三、年复一年，你打算怎么过

今天在中国台湾，许多人大概都听过 3M 的名字，但回到 20 世纪 80 年代，3M 在台湾的知名度其实并不高，团队规模也不大。这家公司之所以吸引我，一个关键原因是我想学英文，同时想多存一些钱，准备留学。

我在求学时算是个很用功的学生，和同学相比，我花了许多的时间在课业上，但是成绩一直都是平平，也未能进入一流的学府。所以我把自己定位成一个非常平庸且不太聪明的人。也因此，我比较倾向于倾听，并尽可能地去学习一切我所不知道的事物。

3M 给了我一个广阔的学习环境，到处充满着不同的产品、技术、创新模式等。刚进入公司时，业务员是没有固定的办公位的。业务部门摆了一张大桌子，桌上有两台电话机，所有业务员从外面回来后就围着那张桌子坐。

记得当时一位和我同期进公司的男生，叫作 Woodland，负责卖朗美地垫。我每天就看他抱着一张价格五六百元新台币的长四米、宽三米的地垫在公司进进出出,一副生意很好的样子。当时一般公务员一个月的薪水也不过就四五千元新台币,究竟是哪些人会买他的产品,着实让我感到相当好奇。

为此,我经常去找他聊天,听他如何去定位客户群,进而让客户喜欢这个新产品而下订单。还有一位小姐是中国香港人,叫Surianna,负责卖医疗产品,做过护士,她也常告诉我跑医院时遇到的一些特殊状况,如何和医生、护士打交道等。另外,还有一位高高帅帅的男生,叫MK,他销售的产品是3M非常有名的新雪丽。我每天看着他一边拿把大剪刀剪样品、数吊牌,一边告诉我台湾成衣厂形形色色。

还有更多的事例,不胜枚举。身处这样的环境,无形中我学到了许多知识,对我日后的工作带来莫大帮助。

我一开始并没有打算在公司待太久,大概就一年左右时间。我一直抱着尽量学习的态度,希望能在有限的时间内多学到一些东西。这样的态度促使我去做许多同事不愿意做的事情。

譬如说美国总公司的同事来中国台湾,一般的做法都是请酒店去机场接机,但我经常亲自去机场接他们,而遇到假日,我也会带他们去台北附近观光地介绍当地文化。我的想法很简单,别人要花很多钱请老外聊天学英文,还是按时计费的,我却可以和老外聊一整天,且不用花一分钱。

俗语说，无心插柳柳成荫。我的用心态度，在公司里受到领导和同事的赏识与尊重，也可能是花了很多私人时间陪老外的关系，我和许多美国同事建立了非常好的互动，别人发了好几封电传（那时没有电子邮件）都要不到的数据，我很快就拿到了。美国总公司的领导对我的评价也非常好。

过了一年半多，我考了不错的托福成绩，也顺利申请到心仪的学校，只等一个适当时机向老板递辞呈。没想到我辞呈还没递出去，主管先一步把我叫到办公室，告诉我，基于我优秀的业务表现，要升我当业务主任。

虽然这只是一个小小的主管职务，对一个进公司不到两年的人来说，却已经是很大的奖励与鼓舞。当下我想了又想，领导都这么看重我的能力表现，这时提出辞职是不对的，应该再努力一段时间，看自己是否真有实力胜任，若不行，届时再递辞呈也不迟。于是我就这样又工作了两年多，直到年过三十的焦虑袭来，去别的国家深造的念头才又油然而生。

不过人生或许就是这么充满巧合，当我正准备拟辞呈的当下，总经理秘书临时通知我，总经理找我。当时我心里十分纳闷，不知道出了什么问题。结果一进总经理办公室，他就告诉我，公司将任命我做事业群主管，他还特别提到，这个任命案一提出，就得到亚太地区及总部领导的大力支持。坦白说，事情的发展连我自己都觉得讶异。

由此我得到很大的启发。我刚进公司时并没有准备久留,当下有两个选择,一是混日子,反正也做不久,这么认真干什么?另一个选择则是利用有限的时间,以认真的态度,努力学习。我选择了后者,并且得到了一个完全没有预料到的好结果。

回想刚开始做业务的时候,只要客户愿意接受邀约,已经让我相当开心;渐渐地,和客户熟了,邀约不再是难事,于是每次出门就希望可以接订单回来;再后来,当我变成老员工,能力与经验都更成熟,期望也愈大,不只希望能得到客户订单,最好还能签下长期合约。一季很好,半年更棒,如果能拿到全年度订单,那就太令人满意了!

其实人就是这样在无止境的需求及压力下被推动,不断地成长进步的。在这个过程中一定会遇到许多挫折,而这些正是最好的学习机会。

四、企图心会改变一切

过去几十年来,两岸企业、人才的消长,相信让很多人有所感,而在众多原因之中,我相信"学习企图心"正是造成差异的一大关键。

1994年,因业务需要,我们在中国大陆新聘了一位电力产品技术支持工程师,名叫Patrick。Patrick刚来上班,就急切地问我:"我应该接受怎样的培训?"

当时担任大中华地区主管的我,经常要在中国台湾、中国大陆、美国三地间飞来飞去。实际上在Patrick报到后不久,我马上得赶往美国开会,忙得根本没时间为他做培训,于是我索性先将一套总公司发行的技术手册交给他。这一系列手册共十本,每本尺寸大约是公司常用的三孔文件夹大小,数百页的数据,内容包括产品说明书、技术数据、规格书……是总部设计用来查询的。

我心想,这些东西至少可以让他先读三个月,我还特别告诉他:"不用急,可以慢慢看。"但没料到,我出差一个月后回到上海,Patrick 一看到我就说:"你给我的这些资料真的很不错,我全部看完了,还做了笔记。"我当下真的大吃一惊,心想我进公司十多年,这些资料也才看不到一半,这小子却在一个月内看完了,可见他求知的欲望有多强。

后来每每遇见产品问题,我就直接问他,他总是能回答得很清楚,像是一本活字典。

这件事在当时也让我有一个感触:"很快,大陆员工在能力上就会超越台湾员工了。"后来也确如预想,不久后派驻到大陆的台湾员工纷纷被调回,而且不只是 3M,其他外企也一样。大体来说,在 20 世纪 90 年代初,外商的高阶主管在大中华地区,不是中国台湾人就是中国香港人,但到了 2000 年后,基本上都已经是中国大陆人了。

而且这样的求知欲落差,不只停留在 20 世纪 90 年代,直到我退休之后的近几年,我仍深有所感。

退休后,我开始以顾问的身份提供企业咨询、辅导服务,而我每次在大陆上课,都会看到老板带着公司一阶主管坐在第一排,而且他们总是会在听到不了解之处时立刻发问,直到弄清楚为止。不仅如此,下课后,学员们经常会要求加我的微信,以便往后还能随时问问题。

让我印象特别深刻的一次是,有位老板听说我在宁波,竟特地从杭州开了两个小时的车过来,只为和我聊上几小时。我常常被他们的用心所感动。

反观台企，我得到的反馈就大不相同了。相对于大陆企业老板带领一阶主管在台下用心听讲、发问，我在台湾的企业上课时，多数时候老板是不会现身的，就算老板出现，大多也只是做个简单无趣的开场白就离开了。

特别记得有一次我到一家台企去演讲，当时是由人力资源部的职员接待，接着人资又将我介绍给该公司的稽核处处长认识，后来演讲也是由这位稽核处处长负责开场。当下我忍不住好奇询问这位人资同人："为何请稽核处处长做开场白？"毕竟稽核和我当天要讲课的内容毫不相关。而人资同人则是很为难地告诉我："今天是星期五，公司的高管都不在，唯一处级以上的领导只有稽核处处长。"我这才明白。

由此可见，台企的主管对员工的教育训练多不重视，更遑论是否要求自己应求得新知。

这样的现象，或许是因为台湾地区的教育制度都与考试、升学有关，而这些知识往往在考上学校后就变得不再重要，也因此形成认为学习或知识无用的心态。此外，我个人也观察到，大部分台湾老板都比较相信自己的成功经验和感觉，认为经营管理能力是靠自己一手磨出来，而不是被教出来的。

但经验和直觉真的足以取代学习吗？

当一家企业的业绩增长、规模扩大，对企业领导者的能力要求也可能有很大的不同。如果完全仰赖经验,那我们很可能会看到,一个有业务员背景的领导者,会特别重视客户关系、交际应酬;制造专才出身的领导者,管理方式则更着重工厂管理,相信只要能压低成本,客户就会买单。这就是为什么每当我拜访台湾企业时,往往从公司资源分配,就能轻易看出这家公司的老板是什么背景和专业。

然而这样的做法或许在公司成立初期可行,甚至也是企业之所以能在业界站稳脚步的关键,但当企业成长到一定规模后,老板如果仍然执着于自身的专业和感觉,恐怕就会出问题了。

实际上我曾遇到一位做研发出身的老板,他不断抱怨自家公司的产品功能齐全、创新,却总是卖不好。我发现,这家公司的问题出在营销和业务能力太弱,以致客户无法完全了解产品,再加上销售渠道也不够,导致他口中所说的"产品很好却卖不掉"。

可惜他不同意我的看法,还是继续坚持自己的方式,于是就眼见公司亏损不断扩大,最终连他最在意的研发部门都开始留不住人才,只好走向结束营业一途。

这家公司绝对不是特例,这些年来,我看过太多将成功归功于自己的经验、将失败归咎于运气不好的企业主。我并非认为运气不重要,其实我一路的职业生涯发展中,也曾几次受幸运之神的眷顾。

我刚进 3M 时，业务员同事因为拿了公司代理商分红，甚至他的太太也在该家代理商工作，他严重违反了公司对于利益冲突的规范，于是被辞退。当时被迫离开的他，或许心中仍有怨恨，决定和代理商联手一起找客户抵制我。要知道我当时就是一个菜鸟，经他一抵制，许多客户根本连见面的机会都不愿意给我，我的本领可以说是完全施展不出来。但幸运的是，当时台湾的电信事业正好启动一项组织大翻转，不止中高阶主管，几乎每个人都要做职务调动，这也为我带来一个切入口。

而这时我又很幸运地找到一位朋友，提前拿到新组织名册，我就顺着名单开始拜访相关人员，特别是与我业务相关的人，告诉他们，他们将来的职务会是什么。

你大概可以想象这些人当下有多惊讶，心里或许想着："这小子是什么东西，以后不要惹他。"从此我便翻转局势，在客户关系经营方面大有进展。反之，抵制我的代理商经历这波大规模改组后，瞬间失去了影响力，没过几年就倒闭了。

这样的经历让我感受到机会的重要性，但是机会到来时你必须已经准备好了，才能好好把握住它。所以平常的学习和磨炼就特别的重要。

一般而言，大型外企都有所谓的轮调制度，让员工有机会在不同的事业部门接受磨炼，平常也有各项不同的训练来培养员工多方面技术能力。他们也着重于使用许多工具、系统,借由数据分析展开决策。这样的决策成功率通常比较高,即便有失败的时候,也多能知道是什么原因。

这就是为什么我常常鼓励企业老板们要找时间多学习。但比较可惜的是,老板们给我的回答通常都是"我们这么忙,哪有时间去学习"。但得到这个回答的我也请大家深思:是不是正因为大家缺少了专业知识,以至于常常做出错误的决策,才会把大家搞得这么忙?

五、我想问一个问题

泰国每年生产近两百万辆汽车,大部分属于日本汽车制造商。其中有家T公司是行业中的佼佼者,不但有大规模生产线,更特别的是还投资建立了十分具有规模的研发中心,占地面积约两万平方米,总计逾两百名工程师,其中近半数都是从日本外派到泰国来的。

有一回,我得到拜访他们研发中心负责人的机会,那位负责人的名字好像叫作"Ito桑"。虽然我对他的名字已经有些记不清,但我清楚记得他当过该公司南非分公司总经理。后来我们参观完整个研发中心后,回到他的办公室,身为客人,我们当然得先客套地赞许他的实验室设施、人员等。接着我说:"Ito桑,有一个问题我不晓得该不该问。"

Ito桑很客气:"请问,我会尽量回答。"我说:"我对你们实验室的规模及强大的研发实力感到非常惊叹,你们在产品设计及开发上投入如此庞大的资源,这实在令人敬佩。可是每当我们技术人员和你们的生产制造工程师讨论材料规格时,你们工程师的回答都是'所有和产品设计规格有关的工作都是在日本总公司进行,我们泰国分公司无权做任何的变更,即便是小小的变更都不行'。"

"是的,这些工程师说的没错。"Ito 桑说,于是我接着提出核心疑问:"那我的问题是,如果所有规格细节都在日本决定,那么你们这个研发中心每天在做什么?"这个问题一问出口,我的业务经理,以及和我们一同去拜访的 3M 日本公司派驻泰国的代表脸色都变了。他们没有想到我会问这么直接的问题,尤其是对行事作风比较保守拘谨的日本人而言。

倒是 Ito 桑听到问题后大笑了起来:"这是一个好问题。我也一直想找到答案。"然后他接着说:"我们这几年来一直在对这个研发中心进行重新定位。不过我们有一个目标,就是五年之内能在泰国完全设计最畅销的小型载货客车,我们目前仍在往这个目标推进。"

听他这么说,我顺势回应:"这是一个很具挑战性的目标,3M 公司也希望在这个过程中与你们密切合作,共同达到这个目标。"Ito 桑听了之后对我说:"我们不可能独自完成这个任务,我很高兴有像 3M 这样的公司支持我们,我会让我的属下和你们讨论细节。"这可以算是一次很成功的拜访。

3M 公司要求总经理每个月都要安排几天的时间去拜访客户,时间久了,就变成了一种形式。

我当业务经理时最不喜欢带总经理拜访客户,虽然事前我们都会准备客户的详细资料,包括客户的主要业务、我们销售的主要产品、业务往来的金额(包含历史记录)、目前主要面临的问题(通常我们会选比较没有问题的客户拜访,以免节外生枝),以及受访者的背景资料等。我想可能是 3M 公司的产品太多,也不是每位总经理都对各行各业了如指掌,并且不是每个总经理在拜访时都是很认真的状态,这导致大部分的拜访时间都在闲聊家常。有时客户很忙,还觉得我们在浪费他们的时间,反而很尴尬。

所以后来当我自己成为总经理,要和业务人员共同拜访客户时,我一定会提前设定好拜访主题及预期达到的目标,并且在出发前几天坐下来和大家讨论及演练。毕竟,一次成功的拜访可以创造新机会,而相反的情况,不但是浪费大家的时间,也给客户留下不好的印象。

除了提前做好准备,聆听和关心也是拜访过程中很重要的事。

这里我分享两个拜访客户的经验:一是拜访美国一家大型水果制品公司,D 公司。D 公司在菲律宾民答那峨岛有个很大的农场,种植了香蕉和菠萝,在包装水果时用了很多我们的胶带,数量很多,是我们很好的客户。

当时因为他们在使用我们的胶带的过程中,偶尔有脱胶情况,所以我和技术工程师亲自去查看他们的包装生产线,并提供改善建议,同时借机询问是否有拜会 D 公司总经理的机会。很快地,我们只在会议室等了一会儿,就见到了名为 Carlos 的总经理。他是拉丁美洲人,讲一口西班牙英语,非常热情。或许他也没有料到 3M 总经理会来拜访,非常高兴,滔滔不绝地说着他在这里种香蕉的故事,以及台风造成的损害等种种惊险经历。

在当时,民答那峨岛是很乱的,所以公司规定我一定要当天往返,不能留宿,否则不安全。可是 Carlos 讲得正起劲,我又不好打断,眼看着快赶不上飞机了,还好我在当地的业务员插嘴说我们还有一个会面已经延误了,才结束了这次拜访。

还有另一家公司,是一家规模很大的木制家具厂,他们使用我们的研磨砂轮、胶水、防尘口罩,买了不少产品。那家公司的老板是一位七十多岁的女士,风度翩翩,很健谈。每次见面谈完生意,她就会从头细说三十多年前她和她老公来到宿务创业的点点滴滴,一说就是几个小时。可是面对这么忠心的客户,再久也得好好坐下来聆听啊!

上述两个客户不但成了 3M 的忠实客户,也成了我的好朋友。后来他们每到马尼拉都会和我联络,一起喝咖啡、吃饭。

所以聆听客户的声音,关心客户绝对是硬道理。

六、是"时势造英雄",还是"英雄造时势"

我常听到有些企业家批评现在的年轻人不知努力、不求上进。的确,在某些情况下,当代年轻人不像我们过去这么专注于工作。但是这些批评年轻人的企业家,有没有想过如果现在的年轻人都像我们当初那么努力,是否也能得到相同的回报?事实上这已经很难再发生了。

20世纪八九十年代,机会多,竞争者少,不管从事哪种行业,机会到处都是,只要稍加努力就可得到非凡的成果。甚至有些投机者,不管是投资房地产还是炒股票,都能有所获利。反观现在的环境,可能付出更多倍的努力,还不一定能得到相应的回报。

有人说成功靠90分的努力和10分的运气,可是如果少了10分的运气,有时仅凭90分的努力也是得不到任何结果的。

因为中国台湾市场小,所以一般外商都不会放太多资源在这里。20世纪80年代,3M在亚洲的资源分配主要都在日本，尤其是和电子产业有关的，这让中国台湾的团队很不服气。不过我鼓励他们，只要努力，上面的人总会看到。实际上我们团队的表现也不俗，加上正好赶上20世纪90年代中国台湾主板及电子组件的成长期，我们的业绩成长在亚洲名列前茅。

20世纪90年代中期，日本经济成长开始减缩，原以为公司会移一些资源到我们这里，没想到大部分，尤其是高端的半导体产品的相关投资全都到新加坡了。原因其实也不难理解，因为新加坡不但税收全免，有些项目政府甚至愿意补贴一半的费用。此外，对外聘来的技术人员，新加坡政府也有大量补贴。

也因此，3M新加坡电子产品的组织规模不断扩大，升迁机会也多，再加上职员英语好，又会做汇报，最终亚太地区许多产品或项目主管，都由新加坡人来担任。这是十分典型的"时势造英雄"。

后来中国大陆市场崛起，美国总部开始把资源投在大陆地区。很自然地，大陆分公司营收自此不断快速成长。也因为3M的职务等级是以营收高低和组织规模决定的，所以很快地，我在大陆雇用的新进员工职务等级在几年后已经高过台湾大部分员工。

这也是为什么近十年来，大中华区高阶主管几乎都是由中国大陆人担任。这主要还是大陆这二十年来的外资大量投入，市场高速成长所造就的，所以可以说这些"英雄"也是"时势"所造就的。

我在1993年进入大陆，到1997年选定了接班人，并经过一段时间衔接后，便回到台湾。随即我也遇到一项难题：我原本在台湾的工作，大部分已经有人接手，而且这些人都是我原先在台湾的下属，并且表现都很优秀，没有介入插手的必要。

于是这时我做了一个重大决定，就是向公司请调亚太地区的职务。其实当时这样的职务大多由美国总部的人担任，但我愿意冒险试试看，也没想到一离开就是二十多年。如今回想，这个转变对我非常重要，如果我当初继续窝在中国台湾，在大环境的形势下，可能混到五十岁出头就要提前退休了。

台湾是个小岛，地狭人稠，资源有限而竞争者众多。大家应该思考如何才能够放眼世界，不要故步自封、钻牛角尖，要打开格局，大步地走出去，才能成为造就时势的英雄。

第二章

关于领导这件事

一、我不一定要知道，但得确定你一定知道

刚升上事业部经理职务时，三十岁出头的我，还没有太多领导经验，做什么都是战战兢兢的。尤其是第一次对高层主管做业务报告时，我感到特别紧张，迄今仍印象深刻。

当时的亚太区总裁名叫 Gunter，是一个很幽默也很懂得消遣他人的德国人，被他盯上了，日子可不好过。我做报告时一开始还算顺利，但接着他就开始不断地打断我，问我某个产品有几个重要客户、几个经销商、市占率多少、最大的竞争对手是谁等问题，都是一些很细节的东西。

于是当天晚上，我趁着餐前的鸡尾酒会，刻意走到他的身边问他："你在今早的会议里问得很详细。像你这样的大老板，为何需要知道我有几个经销商、重要客户……这么多细节？"他回答："其实我并不需要，也不想知道这些事项，我问你是要确定你知不知道这些。因为我知不知道不重要，可是要是你也不知道，我们的麻烦就大了。"他接着说："从你今

天做的报告我可以看出你是一个很务实的人，你很清楚你在做什么、应该做什么，我很高兴你担任了这个职务，也相信你会做得很好。"

从这件事我领会到，做领导不是要把手伸到组织中去干预下属该做的事情，而是要去了解你的下属是否有能力和决心去完成被交付的任务，并充分授权于他，加上适当的激励，这样才能达到所定的目标。

还记得网络泡沫破裂那年，堪称是电子产业黑暗期，许多客户公司就算没倒闭，也处于周休至少四日的窘境，因此也就不难想象，那段期间我的业绩达标率还不到八成。

当时我遇到的直属领导是 Jean，她也是我职业生涯中的第一位女性主管。因为 Jean 并非电子产业背景出身，我一开始其实有点担心她未必能理解当时的市场情况，于是我觉得我该积极点，每周都主动和她的秘书约时间定期做业务报告。

只是让我感到十分困惑的是，我每次报告完，她都没有给予太多的评论或建议，直到一次会后她主动约我一起用餐，我才了解个中原因。

用餐时她告诉我，在来亚洲赴任前，她去过 3M 位于美国奥斯汀的电子产品总部。她表示，在奥斯汀，各级主管都对我的能力及工作态度赞许有加。她接着说："有你负责整个电子事业部，我还有什么好担心的，你放手去执行该做的事情，当景气周期回转时，才是我们能享受成果的时期。"我从她身上学到了领导真正的气度和容忍。

说来也有趣,我在2013年遇到了我职业生涯中的第二位女性主管,名叫Tamin,是个在澳洲成长求学的日本人。2014年年初泰国政局大乱,市场需求低迷,加上泰铢大贬值,我们的产品大多是进口的,很难竞争,但我的团队还是非常努力地完成了业绩目标。可是Tamin还是紧迫盯人,在第一季度末检讨时,到处挑毛病,有诸多不满,总结时说:"你们虽然做到了以泰铢计算营收的业绩目标,但是我们是美国公司,我们应该去达成换算成美元的目标。"

那时泰铢兑换美元的汇率一路下跌,美元的目标因汇差无形中增加了10%,要达成几乎不可能。泰国团队因此士气大伤,我也在2014年年中申请退休,离开公司了。

其实多数外资公司多有一个特性,就是从总公司外派主管到海外市场担任总经理。早期3M亚太地区分公司的总经理大部分也都是美国总公司指定外派来的。这些外资企业分公司总经理通常都会加入美侨商会,因为那是一个让他们认识朋友、了解当地环境的很重要的社交团体。

美侨商会有一个例行活动,是请政府官员去报告政府的重大建设、投资机会等。因为我所负责的事业部有许多产品和公共事业有关,所以每次我的老外总经理听完政府官员的报告,一回到办公室就会很兴奋地把我叫去,告诉我一些他听到的信息,认为有非常大的生意机会,等等。

其实几乎百分之百,这些大工程计划,我们事先都已有非常详细的数据,甚至有些都已开始与主办机构工程师一起参与规划。试想,一个政府高官能公开正式介绍给外商的项目,一定是非常成熟且有信心的项目。不过因为总经理总是这么兴奋,我也不愿给他泼冷水,只好附和一下,跟着装出很开心的样子。

通常这种官方项目,从规划、核准预算、发包到完工,要花上三至五年时间。但以3M为例,区域总经理通常三年左右会有一次调动。这意味着,这些总经理基本上都无法在在任时间内看到这些项目开花结果。

因此我在当上总经理后,时常提醒自己的一件事,就是要信任团队,而不要试图去替下属去做原本他们应该做的事情。毕竟,他们才是真正能够陪着整个项目从头走到尾的人。我若频频插手,可能不仅帮不上忙,反倒徒增困扰。

这几年我辅导了一些企业,发现充分授权这件事对老板或企业的高阶主管来说似乎是很痛苦的,甚至可以说,这些人的工作就是每分每秒都在下指导棋。他们常对我说:"总经理,你从大公司来的不了解,我们的竞争是非常激烈的,所以我们不能犯错,必须时时刻刻紧迫盯人,随时随地做不同的决策。"

而我会告诉他们:"我认为这个时代,任何产业的竞争都是激烈的,也正因如此,尊重专业就很重要,你把所有的事情都揽到自己身上,而忽视了下属们的专业能力。何况你往往因为太忙,很多决定都是在匆忙中做的,不但无法详细地去了解事情的背景缘由,也没有做太多的分析。"

我甚至会直白地告诉他们:"根据我的观察,你在匆忙中做的决定有许多都是有些问题的,正因如此,决定又改来改去,不但没有效率,让大家很忙,还延误了许多的生意,下面的人也不敢说。老板还责备,生意不好是大家不够努力!"

二、暂停的艺术

20世纪90年代中期,公司开始使用电子邮箱,当时引进的是IBM的Lotus系统。我的邮箱一开始每天只收到寥寥可数的几封邮件,后来却病毒似的爆发,每天要花好几个小时在回邮件上。我每天上班,第一件事就是处理前一天晚上从美国或欧洲时区发来的邮件。

当时我的部门中电子材料事业部的Gray,是一位能力很强的主管。他工作认真,非常尽责,是公司里数一数二的中层主管。但他有一个优点也是缺点,就是个性非常耿直,有时比较沉不住气,对美国家庭部门那些猛打官腔的人尤其看不顺眼。

有一次,我们要进行一个很大的投资计划,和总公司的联系也因此更频繁,这时我开始注意到他和美国同事在言语上的冲突不断增加,尤其是在邮件中字里行间都不太友善。于是在某一天读了他回复美国同事的邮件后,我对他说:"Gray,

你每天早上回美国同事的邮件写完后先不要发送出去,存在你的草稿箱里,反正你早上发去也已经过了美国的上班时间,没人会读。等你把一天的工作处理掉一些,下午回到办公室后把这些邮件重新读一遍,你再决定要不要发送。"

经过几个月,有一天他来找我,告诉我他有一大半的邮件在经过两三次阅读后,不是决定修改,就是全部重写一遍。他很惊讶自己用这么重的语气去回复美国同事的邮件,我也注意到他和美国同事间的关系自此改善许多,进而我们也开始从总部得到许多支持。

从这个故事中我们学习到:千万别在冲动的情绪下做出反应。有时候先缓一缓,冷静下来,思考一下,再作响应,可以避免许多不必要的争执或做出任何无法挽回的决定。

特别是当你身为领导时,更要懂得暂停的技巧,你职务愈高,这件事愈是重要。我曾经遇到一位主管,自视甚高,很喜欢快速做决定,我每次在向他报告时,他都会打断我说"总经理,我做过你的工作"或是"我对这件事了解得非常清楚",然后告诉我应该如何去做。

若我的想法恰巧跟他的一样也就罢了,可是如果是不同的,就很为难了。到底要不要跟他争辩?但他又是那么斩钉截铁,信心满满。当时我的做法是,只要能不找他,我就避免,以省掉麻烦。不意外地,久而久之我和他的关系愈来愈疏远。

所幸那时生意还不错,我们之间没有发生很多摩擦,不过我也因此学习到,每次和下属讨论事情都要耐心听完他们的建议,就算彼此看法有分歧,也尽量避免当面反驳。我通常会采取的做法是中途暂停一下,趁上洗手间或倒咖啡时,交换一下想法,如此反而能让大家的想法很快达成一致。

我后来担任亚太地区的业务总监,其中一个主要任务是传达美国总部的产品营销策略,可是因为每个地区的市场及竞争环境不同,总部和地方的想法往往不能达成一致,这也是许多大型跨国企业面临的最大的挑战。不过每当我到一个国家,采用同样的做法,凡事先缓一缓,多听多观察,进行多方面沟通,往往可以找出大家都比较能接受的方向。

这样的做法几乎得到每个国家分公司的同人认同,他们也都乐意跟我配合,甚至告诉我,过去总部派来的人,都只是传达总部的看法,如果分公司不遵循,还会打小报告,自从我接任之后,他们觉得好沟通多了。也因如此,在我接任的那段期间,亚太地区的业务成长得很好,美国总部也对我非常认可,并同意我提出的各项建议,消除了过去总部和地区分公司之间的隔阂。

三、你可能未经历的中国市场

我在1997年离开中国大陆后,接手了亚太地区的工作,但因为业务需要,每隔一两个月还是会回到大陆。大部分时间是到上海出差,偶尔也会到深圳及北京出差。后来是在2005年被调到菲律宾后,我才没有机会再回去。

也因此,当我2016年重游大陆时,我惊讶于大陆进步之神速,与过去简直就是两个全然不同的世界。而工作环境中遇到的许多大陆80后年轻一辈,也已经完全无法体会早年的艰苦环境。

记得1993年我被外派到大陆时,3M在大陆的生意很小,主要集中在与基础建设有关的生意上。犹记得当时,我们很难找到可供租用的办公室,申请电话更是不可能完成的任务。所以除了上海总公司,所有的办事处或联络处都设在酒店。

我印象特别深刻的是第一次到武汉,找了一个位于市中心的三层楼高的国有酒店,住了一晚后感觉还算舒适干净,于是找到酒店经理，把201、202房间租下来，签了一年租约，于是两间客房就这样成了公司的联络处以及同人们出差的临时住所。

制作新名片时，这个国有酒店的地址便成了"3M公司武汉联络处"的地址，电话则是酒店电话转接分机201或202。同样的信息还使用在报社刊登招募广告上。当时应聘者都会被安排在酒店的大厅面谈，被录取就到楼上上班。后来员工增加，业务也随之成长，我们又租下203、204、205，每个事业部一个房间，还把复印机、饮水机等公用设备放置在酒店走廊处，就这样把武汉的生意给做起来了。

3M中国在20世纪90年代初期，主要营收来自通信、电力、交通等公共事业产品。这些产品的生意几乎占了全公司营收的八成。

大陆那时几乎所有企业都是国有的，找代理商很困难，直到政府允许国有企业底下员工成立企业，且其获利可以由员工分享，我们才有了突破口。当时我们找了浙江大学电机系教授，请他们成立第三产业，担任3M代理商。

他们当时代理的产品，主要客户是各个供电局（电力公司）。华东地区很多供电局内的工程师及主管都是浙江大学的毕业生，他们跑销售无往不利，很快就成为我们的主力代理商。也因如此，我那时常要往返上海、杭州等地。还记得当时如果是在中午前和客户见面，必须一大早就到上海坐四五个小时的火车，如果当天往返的话，回到上海都已经半夜了。而 2022 年我从上海坐高铁到杭州，只需要几十分钟的时间，真是不可同日而语。

20 世纪 90 年代中期，国内资金供求局面发生转变，资金的需求大量增加，加上当时实施宏观调控，市场资金缺乏到几乎要以物易物、以债换债的程度，许多公司甚至执行"不收到现金不出货"的制度。

为此，有些公司买了一台点钞机，要客户带现金到公司，点收现金后，再从货仓提货。而以 3M 来说，虽然客户大部分是国有机构，可是应收款还是百分之百逾期。那时的大陆情况可是与现在大有不同。有一次我去供电局收款，那笔款已逾期超过一百多天，供电局的主管跟我说："徐先生，其实我们的营运是很不错的，所以能够持续下订单给你们，可是因为我们有许多客户欠钱，所以我们无法如期付款。这样好了，不如我们把我们的应收款转给你们，当作我们的付款。"

这在当时其实是很普遍的做法，一般称"三角债"。我问他应收款都是哪家企业的，他查了查说："公安局欠了我们许多电费，我们就转给你们吧。"一听到这我就说"不必了"，因为连他们都要不回来，我怎么可能要得回来？可见那时的资金紧张程度。

到了 20 世纪 90 年代中期，工业市场逐渐打开，我们在虹桥机场附近的漕河泾工厂开了第一条生产线，准备生产 PVC

绝缘胶带。这是一个很不错的想法，因为这个产品生产简单且用途很广，制造业、建筑业，甚至家庭都用得到。

要实施生产计划，就要先从材料来源开始，首先是重要的PVC膜。当时中国国内生产的PVC膜质量很差，无法做成绝缘胶带，进口关税又很高，好不容易找到河北省的一家塑料厂，经过半年多时间的辅导，总算把材料做了出来，虽然质量差强人意，但总算有材料可用。可当时还没有高速公路，当第一批货用卡车从河北一路颠簸到了上海卸货，PVC的包装通通破损，卷型通通变形，没有一卷可以用，情况十分惨烈。

至于胶水制作的主要材料——天然橡胶，海南岛有天然橡胶，可是海南岛产的天然橡胶只能做类似鞋子、轮胎等产品，不能做胶水。可见当时开创事业的艰难。还好我们的大陆团队学习能力很强，工作也努力，把问题一一克服了，后来这个产品成为一个对营收及获利很有贡献的产品。

总体来说，20世纪80年代末到20世纪90年代初期间，在中国大陆做生意是很困难的，往往失望远大于希望，美国总公司对我们的业绩表现很不满意，对我们提出的解释更是无法理解。

因为那时的商业环境很难让老外明白，我和香港的同事Billy还总结了一套适用于中国的黄金法则，希望可以说明当时生意艰难的环境与因素。虽然现在情况都已经随着时代转变，但偶尔回味过去种种，还是挺有意思的。

适用于中国的 12 条黄金法则（1990）

1. 一切皆有可能。
2. 没有什么是容易的。
3. 西方商业逻辑并不适用。
4. 如果没有截止日期,这会是一个有趣的项目。
5. 你必须坚持,事情终将如你所愿。
6. 耐心是成功的要素。
7. "你不了解中国"意味着他们不同意。
8. "新规定"意味着他们找到了避免做某些事的新方法。
9. "内部规定"意味着他们对你生气了。
10. 通常来说,没有问题,意味着很大的问题。
11. 当你感到乐观的时候,想想第 2 条法则。
12. 当你感到沮丧的时候,想想第 1 条法则。

这 12 条黄金法则描述了当时外商在中国市场所遭遇的困难,可是眼看着这么大的市场,退出又感到可惜。面对着一个制度、文化完全不同的商业环境,学习如何去调整本来的商业模式是很重要的,偏偏这又是大部分大型外商所欠缺的能力,所以有些忍受不住的,就亏钱认赔出局,不过能坚持下来的,大都能赚到一些钱。

四、被解雇的代价

20世纪80年代初期,3M公司非常鼓励所谓的内部创业,特别是3M的产品很多,基本上你负责这项产品,全公司就靠你一个人去对该产品的表现负责,该产品推广的成败也依赖着你个人的能力和努力。可以说,你就是这项产品的公司负责人。

这也成功营造出一种创业家的氛围,培养出许多具有创业能力的人才。我个人也在3M有过这样的内部创业经历。

3M在国际上虽然是各种胶带类制品的市场领导者,但在1995年以前,3M台湾所销售的胶带都是进口产品,也就是从国外进口成品或是半成品再来加工。

但当时负责绝缘胶带产品的主管Gray提出两种观点,让我决定大力争取在中国台湾设立电子用胶带的生产线:第一,预期手持及移动装置在未来十年内会急遽成长,电源转换装置亦会随着装置的需求增加而快速成长;第二,当时电源转换器供货商皆为日系大厂，像 Mazuchida、TKD 等，但将来这些会逐渐被台企取代，所使用的绝缘材料也会由日本供货转至由中国台湾生产。因此在台湾地区投资生产这些材料，时机是非常正确的。

不过美国对我们陈述的市场环境其实不是很了解，我记得当时几乎每隔几天就要做一次简报说明计划内容，几次反复提案后，总算在 1994 年初成功争取到两千万美元的预算，希望借由美国总部提供配方，再经由中国台湾工程师依据客户需求及当地材料来源做出适当修改，开发出高端且具有合理成本的产品，并在台湾当地生产。

不过我的运气似乎不太好，在建厂过程中遇上"台海危机"，美国外派来台负责建厂的工程师名叫 Keith，天天吵着想回美国。后来工厂好不容易建好了，虽然可以生产胶带，质量管控却出现了一大堆问题。

当时为了这个大项目，每个人都工作到很晚。有一天晚上，Gray 来到我的办公室，告诉我产品在外销售的种种问题，并说："客户都对我们没有信心了，如果再不快点解决，这个项目大概就完蛋了。"接着他问我："客户经理，如果这个项目完蛋，你会不会被公司解雇？"

我也很直接地回答说："很有可能。"于是他又问："如果是这样，你为什么放着好好的日子不过，要推动这么大的计划？"我说："我们很确信我们在做对的事，当然要尽全力去完成这个计划。不过,任何事情都有风险,如果不幸失败了,就算我被解雇了,试想有多少人在他一生中能有机会去负责两千多万美元的项目,我觉得这是值得的。"现在回想起来,我还是很佩服自己的内部创业勇气与精神。

内部创业简单来说就是企业内部的员工把工作当作自己的事业去做。除了有企图心,有能力,还要能运用企业能提供的资源,去完成任务。

其实在那时,我只要把公司交付的业务目标达成,轻松地拿工资、奖金对我来说都不是难事。但我不甘心如此,眼看着市场未来成长的机会那么大,不做这个投资就太可惜了。这种心态,也可以说是所谓的"企业家精神"。

虽然后来在项目做出结果之前,我已接手亚太地区的电力产品的工作,没有机会看到这个项目的结果。而Gray接任我的职务后又熬了一段时间,直到1998年后市场如我们预测的出现需求逐渐增加的情况,加上1999年突如其来的"9·21"大地震,获得大量转单,而我们产品的质量因为产量提升后有显著改善,进而带动生产成本大幅下降,很快就转亏为盈,甚至生意好到产能不足,在几年后又开了另一条线。我虽无缘亲自享受到这个成果,不过还是非常高兴的。

在中国台湾,很多人认为企业家精神就是放弃打工、不领死薪水。举例来说,放下百万年薪的工程师工作,跑去夜市摆摊卖鸡排,还被媒体大肆渲染,成为年轻人的典范。自此,脱离公司的制度、企业的体系自行创业,甚至回头捡老东家的客户等,蔚为风潮,令人不胜唏嘘。

为什么在台湾企业鲜有内部创业的例子?我个人推测原因可能有二:

一是许多的企业因为制度僵化,没有充分授权,大家都仰仗老板的决策,因此没有内部创业的环境、体系与氛围,也就难以造就内部创业行为,更鲜少见到成功的例子。

二是有些人虽然具备了创业家的人格特质,也有不错的能力,甚至愿意接受挑战,但欠缺了在艰困的环境中坚忍不屈,坚持到最终成功的毅力。

如果能摆脱这两点困境,或许未来可以看到更蓬勃的企业生态和创新能量。

五、你是商人还是企业家

我曾经看了国内某知名财经杂志发行人所写的文章，叙述一位企业家在颁发该杂志所设立的企业"磐石奖"时对企业家二代所做的演讲。在演讲中他提到企业的领导要注意的几个数字：一是营业额、毛利率；二是公司股价；三是公司市值；四是公司本益比。

我看了这篇文章后感触很深，我们教给企业家二代的企业经营概念竟然都和股价有关，这也难怪我在和中小企业进行咨商、讨论时，每个企业的第一目标就是IPO（Initial Public Offerings，首次公开募股）。

我经常会问他们：上市的主要目的是什么？得到的答案一律是"我们这些原创大股东已经牺牲很久了，IPO后可以让大家回本并赚上一票"。

我们自古将从事商业活动的人叫商人，也就是以营利为目的的人，做生意的目的就是赚钱。但我认为经营企业跟做生意是不同的。企业在获利的同时,应思考其对客户的责任、对员工的责任、对股东的责任和对社会的责任。不过有点可惜,我观察大部分企业家,脑袋里想的似乎多是钱多赚一点、税少缴一点。

这样的情况,我想或多或少与我们小时所受教育有关。回想过去听到的大部分童话故事,获利多是寻非正规方式而来的。比如说樵夫上山砍柴的故事中,从来没有一个樵夫是因为砍柴的技术精湛或创新而致富,一般都是捡到一块黄金,或是抓到一只会下金币的金鹅而致富;抑或是在某些情况下遇到一个贵人给了一本秘籍等。

至于企业家精神,或者不被重视,或者被曲解。如我曾在顾问公司的领导课程中,开了一堂以企业家精神为主题的课,结果现场学员大多不是在打瞌睡就是在玩手机,这门课也只能草草收场了!

我认为真正的企业家所应该具备的,是专业知识、领导能力以及有远见和获取新知识的能力,并且能够对所被赋予的使命全力以赴。但这样的人却不见得必然是一个会赚大钱的商人。

这里我想提一个在泰国的经验。我刚到泰国时,公司刚并购一家做贴布、医用胶带及绷带这一类东西的小公司,可能是当初尽职调查不是很完备,接手后问题丛生,第一年就损失几百万美金。这对我这位新上任的总经理来说,是个很棘手的问题。

加以当时遇到次贷风暴的全球金融危机，公司能动用的资源非常有限，我只能从公司资浅的中阶主管中挑了一组人，不过这组员工都有下列的特质：第一，非常专业，对其所从事的业务非常了解；第二，工作很投入，做事有担当；第三，能相互协调、合作。约莫一年半之后，这家公司就开始转亏为盈，而后更是产生了极大收益。

这些员工具备的特质，就是所谓的企业家精神。

当然，这整个过程是非常辛苦的，不过大家都会想不同的办法去解决，也就是所谓的创造性思考。什么叫创造性思考？我在这举个简单的例子。

我们收购的这家公司原是以价格取胜的策略来抢订单，也因此质量愈做愈差。我们收购后，虽然从制程改良到质量控制做了许多工作，也逐渐见到成效，可以满足大部分客户要求，但碰到要求特别高的客户，还是常常因为质量问题被退货。

有一天我去这家公司的工厂开每月营运会议，这是一个很重要的会议，负责生产、品管、物流、人事、财务、业务、技术、法规等相关业务的人都会参加，通常会议都会开到将近下午1点才结束。当天中午我到餐厅用餐，顺口问了负责营销的 Jitrawa——一个进公司两年左右的小女生，我问她下午计划要做什么。她说她准备给生产线的作业员做产品介绍。

当下我听到觉得有点奇怪，因为我知道 3M 常常会到医院为护士解说 3M 的贴布用途和优点,我也参加过,但为什么要给现场作业员做产品应用的介绍呢?

出于好奇,我表示也想参加这场活动,她同意了。在介绍会二十分钟左右的时间里,我看她向作业员分享如何使用贴布,她让他们清楚地知道,若是贴布不清洁,将会引起伤口交叉感染,严重一点,甚至会引起并发症,后果不堪设想。

现场作业员人人听得目瞪口呆,鸦雀无声。

经过那次事件后,我注意到出口到日本的产品质量问题渐渐减少了,到后来几乎都没有听到任何的客诉,反倒是常常听到客人称赞我们产品的优良品质。

有一次在闲聊中,Jitrawa 问我:"你知不知道我们生产的贴布和竞争对手的有何不同?"我心想,那是技术水准很一般的产品,同质产品也蛮多,基本上没有太大区别。但 Jitrawa 告诉我:"我们的贴布是有爱心的,因为我们的员工在生产贴布时,都知道只有一个质量优良的贴布才能使病患的伤口快速愈合,这是别的产品没有的。"

Jitrawa 做的就是前面所提到的创造性思考。她知道不管是从制程或是品管,都无法再做更进一步的改善,于是想到可以从作业员的心态来做突破。

简单的一个介绍创造了无限的价值,这是我们过去完全没有想到的。

六、不要当个万能老板

中国台湾有许多家族企业,所谓家族企业,简单来说就是公司是老板的,而员工不管职务高低,基本上都只是打工的。即便这些家族企业中,不乏有些比较开明的老板,愿意拨出一些股份给员工,但再多也是凤毛麟角,对公司无实质影响。

如果员工都将自己定位为"打工人",又如何能期待企业在未来有所发展呢?

所以我经常会听到一些老板们抱怨,说他们的工作太多,总是从早忙到晚,事情却还是做不完,并且怨叹公司里没有可以交付任务的人,以致任何决定都必须回到自己身上。

但在我看来,这些将责任归咎于员工的老板们,真正的问题其实源自不懂得授权。而这种长期将决策权把持在自己手上的状况,也会让员工久而久之习惯于等老板做决定。当企业规模还小时,这样的问题老板或许还能应付自如,但企业大到一定规模后,四面八方而来的问题,很快就会让老板们吃不消。

其实我认为对于一个成功企业家的定义,不应该是"公司一天没有他就不行"的那种超重量级人物,而应该是身为一名老板或高阶主管,即便休上几个星期的假,不接电话、不看电子邮件,公司生意仍能一如往常。因为这才代表你真正打造了一个健全的组织,可以在无需管理者操心的情况下,让公司继续往前推进。

实际上我和许多企业家们沟通过这个观念,但多数人都不相信这是可以做到的。而这时我就会拿出过去在3M菲律宾担任总经理的亲身经历作为例证。

我于2008年1月初罹患了急性A型肝炎,当时肝指数快速飙升到3000多(正常为30多),医生几乎要宣告我的肝算是报废了。所幸,我在医院躺了两周,回家又休息了五周,情况逐渐好转。而当我再次回到公司上班时,已经是两个月后的事了。

原以为,病来得如此突然,在完全没有时间做任何准备的情况下休长假,公司内部大概是兵荒马乱吧。但实际上公司第一季度的生意好到不行。我的一阶主管告诉我,因为我不在公司,他们反而更能大胆地做决定,生意也就特别好。倒是我回公司上班后,第二季度中旬的业绩反而稍微放缓,我还开玩笑对我的一阶主管说:"我是不是应该重新回医院去?"

这是我自己的例子,我很骄傲我有这么一个独立自主的团队。特别是对照两年半前我刚到菲律宾时,团队士气之低落,黑函满天飞,甚至闹到美国总部的惨状,真可谓是有180度的转变。

所以,要成为有效能的领导,一定要知道如何善用团队的力量。我在讲领导课程时,常常问一个问题:假设你是个营长带领作战,接到前方线报,第三连战况吃紧,你会怎么做?在亚洲地区,大部分的答案都是"马上赶到第三连,亲自督军"。而在欧美国家,答案大多是"马上召集营部参谋,了解敌情、战况及手上可用的资源,再决定该如何做"。

由此可见我们的文化就是崇尚凡事亲力而为,凡事鞠躬尽瘁,死而后已才是最崇高的表率。毕竟我们从小在课本中读到的那些贤明的领导们,一个个不都是这样做的吗?这对我们的思考及行为模式产生了极大的影响。

反观西方文化就比较倾向用谋略,善用集体的力量者,才称得上是智者贤能。我记得我有一位主管叫Allen,他刚到中国台湾当总经理时很不习惯我们这么努力的工作方式,也很不理解为什么我们会有那么多的事情要做,好像永远忙不完。因此他常常提醒我们要"聪明地工作"而非"努力地工作"。直到现在,我还对这件事印象深刻。

当然,主管要想放手,首先必须培养及建立有能力的团队,培养人才是作为领导非常重要的任务。不过在国内,却鲜有对于培养人才的相关讨论,甚至可以说这类议题,往往是最冷门、不被重视的。

然而,倒是有不少主管抱怨自己部门没有人才。只是在仔细观察后,往往也能发现,真正的问题其实不在没人才,而是主管们忙着抱怨,却不懂知人善用,更不懂得培育人才。

在我眼中,所谓人才并非那种好大喜功、喜欢表现的人,而是愿意学习,又肯用心的员工。这些人中,有许多都相当具有可塑性,而这时主管们若愿意时时关注、分享经验并给予指导,假以时日,就可以培养出许多优秀的重要干部。

我每季都要参加业务员的一个重要聚会,主要是和业务员们分享销售的技巧和经验。我常和业务员说,没有人天生就是会销售的,这些都是要靠学习而成的。每当和他们一起拜访客户时,我也都会趁机和他们交换心得。

譬如在会议室等待客户时,我们应该坐哪个位置,待会该如何应对,拜访完后也会一起检讨刚才我们做对了什么、做错了什么。这就是为什么许多业务员很喜欢和我一起拜访客户,无形中大大拉近了我们与客户之间的距离,对我们的生意非常有帮助。

所以作为领导者,要懂得充分授权,尊重专业,善用群体的力量来发挥团队最大的效能。要建立优良团队,在平时就要提供专业训练,加上适时参与、教导与鼓励。如此不仅完成了工作任务,也可以培养出高效能团队,大家还可以当个轻松的老板,可谓一举多得!

七、经验是看不见的陷阱

退休后,我开始担任一些顾问工作,也常去演讲,参加一些沙龙。在这些场合里,许多人都会说要借鉴我的经验,但其实我这个人是不相信经验的。

我常说,经验通常累积的是痛苦而非成功。试想,最令你印象深刻的恋人,一定是伤害你最深的那个人,所以我尽可能不用经验来判断事情。

但这一点在东西方企业身上有很明显的不同。西方人喜欢用许多分析的工具及数据来做判断,在管理上用系统来做横向流程管理。一般来说,他们是很有效率的,这也难怪他们每个星期工作五天,工作时间为每天上午八点到下午四点,工作时轻松愉快,一年休假三十到四十天。

东方人就不同了,主管们大多习惯用自己的经验下判断,然而这往往会造成误判,结果就是朝令夕改,可怜了底下的员工。

可以想象，当一个老板不相信系统流程，只有直线的管理，等于各部门间没有协调，因为大家都在等老板的命令。可老板又不是神，不可能财务、人事、研发、制造样样精通，怎么能靠一己之力为每件事做出最佳决策？

但在许多企业里，偏偏还真的有老板以为自己是神，经常会对不同部门发号施令，而这些指令往往还是错的。长此以往，真正具有专业性的人就会因为受不了这种既不专业又浪费大家时间的做法而离开，最后留下来的，都是些对老板唯唯诺诺的人。

实际上我曾经辅导一家公司，协助他们的营销人员努力了一个多月，完成了一个商业计划。说实话，这家公司的营销人员素质不错，虽然没有受过太多营销训练，但是学习很用心。

可惜，当他们向老板做计划汇报时，老板从头到尾就只顾着玩手机。事后当这个老板被问及对这项计划的看法时，他也只是满不在乎地说："年轻人懂什么，写了一堆东西还不如我脑中所想的。"

这也难怪，外企做什么之前，都会先问有没有一套完整的计划，而我们的大多数企业要启动一个项目之前，最重要的则是先问老板要什么。真是有很大的差异。

这也让我想起先前参加的一个新创公司的开幕典礼，这家公司是某家大型电子公司所投资的，所以前两排的来宾席坐的都是中国台湾电子产业的大老板们。一眼望去，真是白发苍苍，平均年龄大概不会低于六十岁。好不容易在贵宾席中看到一个黑发的年轻小子，结果是一家美国的半导体公司在中国台湾的负责人。

想想这些人从三十多年前创立公司，到公司成长至此规模，大部分时间都是在工作中摸索学习，很少有机会到外面学习及体验新的知识、技能。将这样的个人经验作为公司的营运及指导原则，风险之大，让人不禁要为他们捏一把汗。

八、好一个"玉面杀手"

国际上的贸易战对全球经济造成了不小的影响,尤以大中华地区的美企为甚。而这些公司为了应对缩减的业务及短中期内看不到好转的迹象,纷纷开启了所谓的缩减行动,也就是裁员。我前任公司的台湾分公司,在这个过程中,不知是处理的程序有问题,还是其他原因,居然有员工找上媒体,着实把公司折腾了一番。

其实解雇员工本来就是一件困难的事,我生平第一次解雇员工是在我当上主管的第二年。那时公司很小,我们部门加起来也不过五六个人,其中有一个名叫 Teddy 的员工。

Teddy 自台湾"清华大学"、台湾"交通大学"级别的研究所硕士毕业,人挺聪明,能力也不错。但不知从何时开始,在公司每周固定的体育活动中,他和我的直属老板的家人建立起不错的关系,自此也经常与我对立,大有想把我取而代之的态势。

碍于他和老板的关系，我不敢轻举妄动，不过我也未因此作罢，而是开始留心他在工作上所犯的错误。他的个性属狂妄嚣张型，要想不犯错也难。终于，等到我的直属老板要调职的消息出来那天，我立刻找 Teddy 进我的办公室，在他面前列出他所犯的大大小小错误，并且给他两个选择：一是主动辞职；二是我开除他，并且即日生效。

这是我第一次开除员工，即便已经是三十多年前的事了，但到今天整个过程我仍历历在目。

后来我在 1993 年被派任到中国大陆时，则是经历了另一个挑战。当时多数员工对公司资产没有清晰的观念，甚至有许多业务员的出差费还会高出薪资好几倍。因此我当时被赋予了一个特殊任务，就是要"清理门户"。前前后后我解雇了不少员工，当中还不乏主管级的，所以员工给我取了个外号叫"玉面杀手"。也因此，后来闹出了一个让我印象深刻的意外事件。

有一次大学刚毕业就进入公司的营销人员 Stella，因为表现很好，我打算替她升级、调薪。因为薪资在外商是机密数据，所以她进入我办公室时，我请她顺便把房门带上，没想到她会错意，一坐下来就开始哭泣，问我是不是要开除她，由此可以想象我当时在公司的名声有多差。"玉面杀手"果然名不虚传！

但可别看我写得轻松，其实解雇员工的流程是很复杂的。不过或许是我的行事能力和技巧还不差，也可能是运气还不错，大部分解雇案都算是成功和平解决，只有一个案子迄今仍让我无法释怀。

大约是 1995 年，成都分公司有个负责电力产品的业务员 Clinton。他为人斯文，也很老实，但可能就是太老实了，有一次我的老板到成都分公司考察时，间接得知他说了一些批评公司的话，引得老板勃然大怒，要我立刻到成都把他解雇。

我还记得那天上午我由上海飞成都，到办公室时大约已经 12 点半，多数员工都外出用餐了。那时成都的办公室是租用的四川大学的校舍，非常昏暗。只见 Clinton 一个人坐在位子上，低着头，当我走到他面前，还没开口他就抬起头对我说："我知道你来成都是要做什么，很抱歉，让你失望了，这是我的辞职信。"顿时整个空气凝固，我好像掉到了一个深谷里，脑中一片空白，也不知道要怎么回答他，只是想着我会不会就因此毁了一个年轻人的前途。后来我特别请成都的同事和他保持联络，直到他找到工作后才宽心一些。

我每次见到公司的新进员工对于公司能雇用他们都满怀感激，然后过了一阵子，就开始产生一些不满，对公司的制度、薪酬、客户、产品等，不胜枚举，真可说是因为误解而结合，因了解而分开，劳方和资方的关系好像永远没有和谐的。

许多人可能以为当主管的人，掌握了"生杀大权"，要开除员工好像很容易，其实不然，我每次执行这个任务，都觉得身心俱疲。

我再举一个亲身实例。过去我在公司任职业务主管时，一直负责电子、通信有关的部门，团队同人大多是男性，我处理任何问题也都比较直来直往。但有一年因消费品部门主管离职，总经理请我暂代，也让我遇到了与过去不一样的难题。

那时我们新进一个名校 MBA 毕业的女性营销企划人员。她自视甚高，也不合群，加上出勤总是迟到早退，开会更是经常找不到人，所以她试用期 3 个月期满之后，她的主管主动跑来找我，说要请她离开。

通常还在试用期时，公司是可以随时中止雇佣合同的，不过我当时觉得应该要和她谈谈，让她知道她为何不适任这份工作。于是我抽出时间，把她请到办公室，把门关上面对面告诉她问题是什么。没想到话一说完，她竟然开始号啕大哭，说我们误解她了，还愈哭愈大声。

我那时从来没有碰过这种情况，心想她哭得这么大声，外面的同事听到了，还以为我和她有什么问题，我赶快拿一盒面纸给她，就到房间外，想让她在里面发泄一下。只是过不了一分钟，房内忽然没了声音，过了好一会儿仍是静悄悄的，我心一惊，担心她会不会打开窗户跳下去了，于是又赶紧冲进房间。还好她还好端端地坐在那儿，我倒是吓出一身冷汗。

2005 年我被派到菲律宾接替总经理职务时，当时原任总经理是因为管理出了许多问题而被调回美国，所以我接手时，公司可以说是乱成一团。从到任的第一天，我就开始收到黑函，把公司的一阶主管，从公事到私生活都一一攻击了一番，而且还是以邮件的方式发送给公司全体同人。这对刚到公司，人生地不熟的我来说，着实是一个很难处理的问题。

但很快我就决定，首要工作必须是找到一位可以信任的人资主管。也正好那时公司在推行六西格玛（Six Sigma），正好有位六西格玛 MBB（Master Black Belt，黑带大师）要回任，名字叫作 Marlou。她虽没有人力资源工作的经验，可是为人实在，再加有 MBB 的历练，让人安心不少。

在这混乱的情况下，有个做法就是来个全方位组织改组，我们称其为轮岗，如负责医疗保健产品部门的部门主管转调负责消费品产品；工业产品部门则转到工业安全部门；另外的下属单位也都要相互调动。

经过这一番职务调动，许多隐藏的问题也都跟着浮现，最终我在没有遇到太多困难的情况下，就在一年之内把一、二阶主管换掉了一些，生意也渐渐步入正轨。从成绩来看，2005 年我到任时，菲律宾市场的营收仅五千万美元，而到 2008 年底时，已突破一亿美元，成长一倍。

所以说，把正确的人放在正确的职位上，是企业成功最重要的一件事。

九、守纪律，守的是什么

我们从小接受的传统教育大多教导我们应该守纪律。所谓的守纪律，简单地说就是听话，听父母长辈的话、听老师的话，到部队服役，守纪律就是服从，要服从长官的命令，不管那是对还是错的。

到了社会，进入企业工作，大家对纪律的观念也没有改变，所以听从上级、老板的指示，服从公司的规定也就是守纪律了。

一般人总觉得外企的员工比较不懂得守纪律，弹性上班，对老板直呼其名，看到老板也不会打躬作揖，老板们看起来也都和和气气的。

但外企所看重的"纪律"是不一样的。相对于员工是否迟到早退、是否对老板有礼貌，他们更重视一个人对工作的承诺及责任感，以这两点来判定你是不是一个可信赖的员工。

特别是外企用人通常比较精简，也因此每个人的绩效对公司影响都很大，尤其当你担任管理职务时，你的责任感特别重要，说一就是一，说二就是二。

在我初升任一阶主管时，面对的总经理是Ron。他在到中国台湾就任之前，主要在美国总部的财务部门工作。Ron知道我没有财务背景，所以在我上任第一天，就把我叫去他的办公室。他说："一般我所知道的主管分为四种：第一种人你问他一个数字，比如说这个产品的毛利率是多少，他能马上回答是40%，这种人把重要的数字都记在大脑里了；第二种人你问他同样的问题，他不记得，可是资料带在手上，查了一下，喔，是40%；而第三种人，你问同样的问题，他不记得，手边也没有数据，但会回办公室去查（那时还没有个人计算机），然后回答是40%。"

当他说到这第三种人，我忍不住插嘴："这已经很差了，难道还有第四种人吗？"他说："是的，有许多人回办公室找了半天也找不到资料，而且也就没有回来。"

经过这次对话，我从此一定把重要数字记下来，次重要的也一定写在笔记上，一查就可以查到。这点直到现在我都受益良多，对我做任何决策都非常有帮助。像是和业务部门开会时，我常会问道："你上次开会时的数字是这样，为何一个月后就改了？"而这往往让他们大惊失色。

所以后来公司开始流传："给客户经理的数字要很谨慎，因为他过目不忘。"但我其实只是记住了一些比较重要的数字而已。但也因为这样的名声,全公司都很清楚数字正确的重要性,这也给公司业绩带来很大的帮助。

或许你会想,这些跟"纪律"有什么关系?但这其实就是所谓的财务纪律。

我退休后开始当一些中资企业的顾问。有一次在一场业务会议上,业绩达标率只有90%,老板却一句话也没多问,就这样过去了。倒是我忍不住问那位老板:"我以前业绩少1%就要跟老板解释半个多小时,不但要解释原因是什么,还要说明下个月应如何把这1%补起来。而若是业绩少了10%,那大概就要开一天的会去检讨。但为什么在这里大家好像都无所谓?"

但渐渐地我发现,这些企业对业绩目标达成的准确性并不真正看重,因为能不能达成不是那么重要,于是每年的第一季都是一场"画大饼"大赛,就看谁有本事把饼画得又圆又大。而且说穿了,这大概也跟公司股价脱不了关系。

我看过一位搞不清楚状况的主管,直接在会议中提问:"为什么总经理上周对媒体说公司业绩一片大好,今天在公司内部会议时,却负面消息连连?"

这也让我开始注意公司会议上的一些有趣发言,如最常见的就是,"我们这几个月的业绩虽不好,不过今年趋势是'先蹲后跳'"。这边想表达的意思是看好未来业绩,但在我看来真是不知所云。我们在运动场上,不管是跳高还是跳远,都是以快跑冲刺的动力而跳起来,从没见过蹲下来再跳的。

我还观察到一个现象是,大家习惯把提出营收及获利目标说成"押数字"。但我是非常反对这种说法的,因为这又不是赌博、押宝,用"押"这个字,很明显只是因为老板要数字,就给个数字,至于是否能达成就赌赌看。其实这完全与原本做预算的目的背道而驰。

其实在刚当上业务经理时,我发现公司花了许多时间在营收及获利预算的提出、检讨、更新、再检讨、再更新上,重复不断。起初我也觉得这实在是浪费时间和资源,但渐渐地我就发现,经由这个流程,我们的业绩达标率基本上和目标只有正负2%—3%的差距。

举例来说,现在在手订单加上客户已经承诺的订单,以及业务人员有十足把握的部分约占业绩目标的80%,剩余的20%,业务人员只有七成的把握。因为客户不下单的原因很多,不一而足,但透过针对客户需求摊开来检讨的方式,对这20%的订单的掌握度就可能拉高到八九成甚至以上,然后全力以赴拿下订单。

曾有一位业务员在做预算时对我说,有个重要的客户很难搞,实在找不出他们不下单的原因,我便和他说:"没关系,麻烦你安排一下,我们一起去拜访。"谁知道我和他们的老总一见面,他就同意下订单了。其实也没有特殊原因,只是因为3M总经理都来了,再不下单不好意思。可见,最无厘头的原因,必须用最无厘头的方法去解决。

其实准确的营收预估对库存管理、生产管理的排程都有很大帮助,因而直接影响到对成本的管控、获利的达成及现金流的提升。

在外国,当上市公司发布季报时,会召开电话会议,让一些投资法人提出问题。在会议中,营收及获利是否达到预期目标绝对是关键。如果低于预期,就算只是小小的1%,公司股价也要跌个3%—4%。后续投资机构的经理人问题更是问不完,进而也让企业对是否能达成目标更加不确定。

十、犯了错该怎么办

我在分享授权课程时,最常听到的主管不敢授权的原因就是担心下属犯错。然而回想我三十五年的职业生涯,所犯错误虽不至罄竹难书,却也不在少数。我认为人不是完美的,不犯错是不可能的,重要的是能否从犯错中学到教训。

我担任电力产品亚太业务总监时,直属主管是总部电力部门副总裁 Paul。他身材高大,比我年轻几岁,精力旺盛,很喜欢到各处视察业务。而且当时亚太是全球业务重心,所以他几乎每季度都要来一趟。

每次他来,我就陪他去亚太地区的几个国家跑上一圈。白天我们到各地分公司开会检讨业务、拜访客户,晚上我们就到吧台喝酒聊天。有一次在聊天时他对我说:"人不可能不犯错,除了违反法律相关的事,工作上非故意犯的过失是可以原谅的。"但他也说,同样的错误绝对不可以重复犯,那是绝不可原谅的。

当时我因一时误判，做了一个错误投资建议，给公司造成损失，心中懊恼不已。不过听了他这段话，我宽心不少，也痛定思痛，从此对任何失败案例都虚心检讨，了解为什么失败，自己做错了什么。

有件事对我非常重要，就是在每年 6 月和 12 月，选定几天，找一个僻静的地方，让自己能好好思考过去六个月来做对了什么、做错了什么，以及未来六个月要怎么做。我会把思考的内容记下来，让自己的思路更有条理、逻辑更清楚。我觉得这个方法，对我的帮助很大。

谈到犯错，记得从小开始，犯了错误，都会被打手心，基本上打得越重，印象就越深刻，其目的就是希望你能从疼痛中吸取教训。虽然往往因为年纪太小，根本搞不清楚错在哪里，不过这对避免重复犯错也是一种有效的方法。

在学校上语文课写错字时，罚写十行是比较有效的改正方式，起码能让你记住怎样才是对的。

相较于西方人，东方人比较不习惯把问题拿到台面上讨论，主要还是面子问题，不像老外在检讨问题时，穷追猛打，这往往也能把问题检讨得很透彻，而且能很快地去修补错误。我亲身体验中最壮烈的一次公司改革是整个组织中三分之二的高层主管全部被撤换，影响可谓是惊天动地。

在东方就很少看到这么激烈的场面，基本上多偏向息事宁人的做法。如当一家公司发生重大事故，经常看到的就是主管对大众媒体深深一鞠躬,表示歉意。至于会采取什么实际改善行动,基本上没有说明,就算说了,也多语焉不详,敷衍了事一番,然后事隔几年,又看到重复的错误发生。

其实,面对错误、转向正确的方向是有方法可以依循的。

在 2000 年中期,3M 公司就特别聘请了 Ram Charan 博士到公司主讲"面对现实的勇气"。我在美国高阶主管培训时上了一天他的课,隔了一年,公司又聘请他到亚洲给所有的亚太地区中高阶主管办了三天的研讨会。

那时公司面临转型,发了大笔的钱来推动这个活动,要求大家能够主动地找出问题,做出改善的行动,结果颇有成效。

我在菲律宾和泰国担任总经理时,也用同样的方法亲自带领中高阶的主管做了几次研讨会,把公司当下的问题列出来,坦诚地分析原因,寻求解决方案,效果也非常不错。

十一、老板与我

从二十多岁就业，到六十多岁退休，在这漫长的工作生涯中，我曾遇到许多不同特质的主管。这些人或多或少，直接或间接地影响了我的思想、行为，以及物质和精神生活。在这里，我想来谈谈"老板"。

在电视屏幕上，那些老板的角色，形象大都不太好。我想可能是导演们觉得普罗大众常受主管或老板们欺负、压榨，因此故意丑化老板的形象以供大多数观众消遣。但在现实生活中，我遇见形形色色的主管或老板，个人觉得我的每位老板，我都能从他们身上学到一些东西，不管是好的还是坏的。好的，学起来以后用；不好的，记在心中，以后尽量避免犯同样的错误。

美企很强调轮调制度，无论是自己的职务调动还是自己的主管职务调动，有很大的机会常常换老板，所以就算你和目前的主管合不来或有种种的误解，只要忍一忍，或许不到一年，自然就可海阔天空。同样的，如果你和现任老板的关系不错，也不要高兴得太早，树倒猢狲散的现象随时都可能发生，这点和台企有很大的不同。

相对而言，在外企中比较国际化的大企业，依我自己的经验，依势老板狐假虎威的现象比较少，就算有，通常也得意不了多久。而在本地企业，不管职务高低，跟对人，走对关系是非常重要的。有时候，它远远重要过你的能力及努力。

因为外企的主管们常调动，在管理和决策上常会产生许多的问题，尤其与直属的部属磨合适应变得很重要，往往耗时耗力。

我记得早期3M台湾分公司的总经理，平均三年换一次，他们来的第一年花很多时间去了解环境，第二年开始熟悉业务，第三年就开始寻找安排下个工作了。这也使得我们这些直属总经理的一阶主管疲于奔命，随时准备迎新送旧。不过同时这也让我们学习到了不同的管理模式、领导风格，并且担当起延续公司发展、衔接的责任。

另外，频繁的调动也使许多人重视短线的效益，无视长期发展，反正也做不了几年。不过还好大公司都有很好的制度，有专责长期发展的单位和机制，来弥补这个缺口。

跨国企业，在管理上大都采用所谓矩阵式的管理，你有纵线上的主管，同时也有横线上的主管。譬如说我是中国台湾的电子电力通信产品事业群经理，我纵线上的主管有台湾地区的总经理,大中华区的总经理,亚太地区副总裁。

而在横线上的主管则有美国电子电力通信产品群总裁、电子产品副总裁、电力产品副总裁、通信产品副总裁。这些人虽然不是我的直属老板,可是我每月还是要向他们汇报。这些产品部门的副总和他们的下属们对产品及市场非常了解。如果某个产品生意有问题,你又不能说清楚、讲明白的话,后果不堪设想,严重的话会导致你被调职甚至解任。

所以我常常和朋友开玩笑,要比遇到的老板的数量,可能很少有人能赢我。不过他们也常问我,"这么多老板,你是怎么去和他们相处的?"回头看我在这种环境下度过了三十几年,我能在不同的意见甚至不同的指令下去寻找折中可行的方法,在处理问题时逻辑清楚、不亢不卑。另外很重要的是我在所负责的业务上下了许多苦功,取得了专业的地位,也因此赢得了许多领导和同事们的赞许与敬佩。

领导风格最常见的归类方式可参考图1。按指令导向和协助导向分为权威式领导、积极式领导、放任式领导和参与式领导。依照统计,最有成效的领导风格应是积极式领导。

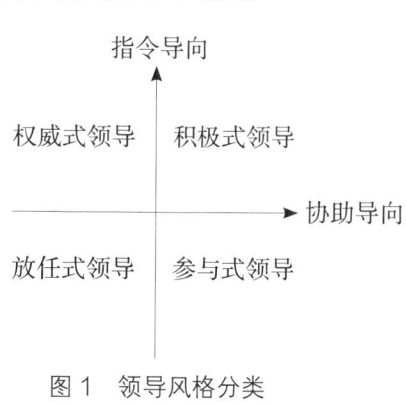

图 1　领导风格分类

许多主管问我，当这种类型的领导是不是很累人，对下属要时时指导，持续关注。但以我自己的经验，结果并非如此。

举个例子，我刚到菲律宾担任总经理时，公司的氛围很差，士气低落，大家都说这个子公司已经被总部放弃了。我花了许多时间和各级主管、员工讨论，去了解大家的问题，针对每个问题提供一些建议，请他们去执行。

或许我的历练已足够，我所提的建议往往都能有不错的成效，大家的信心也逐渐地建立起来，不过也造成了一个问题——大家后来遇到什么事都会来问我。我就开始改变策略，每次他们提问时，我都会先反问："你们认为该怎么做？"得到答复后，如果是很好的回答，我就夸奖他们，说："我实在找不到更好的方法。"但如果回答不是那么理想，我则会提出我的建议，稍微修正他们的做法。

久而久之，我发现我的办公室清静多了，行事历上的会议行程越来越少，有时一早到办公室，邮件回完就可以等下午下班了。不过公司生意很好，实在是没有什么可以抱怨的。

这个例子中，我从积极式领导，逐渐转化成参与式领导，到后来公司的各级主管无论能力，还是自主性都很强，我又逐渐转化成放任式领导。不过之后也可能是我的老板发现让我做这个职务太轻松了，我就被调任到泰国去了。

管理是要活用的，在不同的情况下要用不同的领导方式，不要急于下达命令，把大家累得半死，反而得不到什么成效。

一般而言,在公司职务越高,在公司内的朋友就越少,因为如果你和下属有不同的关系,难免会让你在某些决策上偏袒,能做到公私分明是很不容易的。

我有一位直属老板叫 Donald,他是一位反应很快、脑筋很灵活的人,遇到任何事情都能很快进入状态。他不太重视细节,充分授权给下属,有很强的管理能力。

我和 Donald 因为在公司共事过很长一段时间,所以在私下也是好朋友,常在一起吃饭聊天。可是到了公司,他就是老板,公事公办,不徇私苟且。我也不会因为和他的关系不错而想取巧,相反的,我反而觉得应该更用心,没有达到业绩目标就太不好意思了。

此外,我注意到 Donald 和他其他下属间的关系都不错。他所管辖的业务和业绩也都一直很好,他实在是一位不可多得的领导。

十二、员工向心力的力量

在 3M 公司有一个领导者教育领导者的项目,基本上就是要求公司领导层必须对部属言传身教,这有点像早年师父带徒弟的思维。也因为如此,身为公司高阶主管的我必须经常搜集资料做教材,在每季的交流会上做四十五分钟到一小时的汇报,分享领导力的观念。

这当中,我最喜欢和我的中高阶主管分享的课程,就是授权及员工向心力,我也想借这个机会和大家分享我的心得。

首先谈员工向心力。我认为员工向心力应该从几个不同层面来看。

从员工层面,所谓向心力,是指员工觉得自己获得了主管的充分信任与授权,因而能对工作充满信心与动能。

从管理者层面,所谓向力心,是指组织中的员工能在工作上以主动、积极以及负责任的态度执行工作。

从公司层面,所谓向心力,是员工们都能以达成企业的目标为己任。

所以说员工具有向心力的公司是有巨大潜力的。对企业而言,拥有一个向心力强大的团队,是成功的保障。

举个简单的例子,试想一个制造工厂,如果生产线的工人都能以达到公司质量、效率目标为己任,如此公司便能快速响映客户需求,并取得客户的信任,进而再拓展更多新客户,那么这家公司的营收和获利也一定是蒸蒸日上的。

不过值得一提的是,许多企业会进行员工满意度调查,就以为掌握了员工的向心力。但事实上,员工满意度和员工向心力是不同的两件事。员工满意度高,表示员工在感受上是愉悦的、自在的、满足的。所谓钱多,事少,离家近。工作轻松,没有压力,薪资福利又好,那有什么不满意的?不过在安逸的环境下,组织的生产力也可能会是有问题的。

作为对比,员工向心力高代表的是员工在感受上是积极的、有参与感的。遇到困难时大家同心协力,共同解决,以达成企业目标为己任。

从以上说明应该不难看出,员工满意度高的企业,不代表企业的组织及能力是健康的,因此有愈来愈多的企业将员工满意度调查更改为员工向心力调查。

以下几个关于员工向心力调查的问题供大家参考:

1. 这份工作对我来说是重要的吗?

2. 我对成为公司的一分子感到骄傲吗?

3. 我觉得我能够全心专注在我的工作上吗?

4. 我的主管是公平的吗?

5. 我自信有能力完成我的工作吗?

6. 我清楚自己在工作上被期望的角色吗?

7. 我在工作上获得了主管的支持与鼓励吗?

8. 在工作中我的意见会被考虑或接受吗?

9. 我的工作是被重视的吗?

10. 我在工作上能得到学习与成长的机会吗?

11. 我们的团队对我们对公司的贡献感到骄傲吗?

12. 我们的团队会自我要求以达成工作目标吗?

13. 我们的团队在遇到困难时会互相协助并坚持下去吗?

美国企业所做的员工向心力调查平均结果如下:

1. 极具向心力的员工占 15%—20%。

2. 中间数占 65%—70%。

3. 不满的员工占 1%—15%。

经分析,很明显员工向心力高的企业,不论在营收还是获利上,在同业间都是领先的,反之亦然。从许多实际数据也可以归纳出,员工向心力和企业营运是否健康呈绝对正相关。

再举一个实例：美国一家颇具规模的 3C 卖场对全国直营分店做向心力调查，结果发现，向心力排前 15% 的直营店，其营收和获利成长率也都排在前 15%。而向心力评鉴最差的 15% 的直营店，其营收和获利亦排到后半段。

前面提到在员工向心力调查中，除了具有向心力的员工，每家公司中也有一些不满的员工，一般而言，比例上在全体人数 10% 以下，所以许多公司都不太积极地去处理这些问题，却不知道这些人是会影响其他员工的。

举个例子，我刚加入 3M 时，依规定员工加入前都要先做体检，那也是我这辈子第一次做这么完整的体检。对于公司如此注重员工健康，我心存感激。不过正式进入公司后，有一天和同部门的老业务员一起拜访客户，当我提到公司体验这件事时，他说："客户经理你别傻了，公司要你去体检，是担心你将来若发生了什么疾病，回来告公司，说是职业伤害。"当下我对公司提供的体验开始产生怀疑，正向体验也一下就转为负面了。

从这件小事就可以知道，即便不满的员工占比低，也不能用视而不见的鸵鸟心态面对。

但比较可惜的是，我观察到一般企业对员工向心力的改善都不是非常在意。过去我曾和许多公司负责人谈话，大部分人都不是很清楚什么叫作员工向心力，且多认为那只是一种无形感受，是无法改变的。

但事实上，员工向心力是可以有计划去改善的。第一步，就是透过调查，了解自己企业处在哪个位阶，并从调查中了解问题所在，进而拟定改善方案。

而在改善向心力的过程中，营造一个提升员工向心力的环境也很重要，在这个环境中有几个关键要素：

1. 部属对主管的信任。
2. 主管对员工的信任与授权。
3. 同僚间有互助的氛围。
4. 员工在企业中有成长的空间。
5. 适时的激励与奖励。

在具备以上条件的环境下，员工的行为及思考会逐渐与企业的目标结合在同一条线上。

不过我们也必须认知到，员工向心力的提升不是一夜之间就可以达成的，而是需要长时间的持续培养。也因此，企业必须把员工向心力的提升拟定在中长期策略规划目标中。

最后我再以个人在职场生涯中对员工向心力的力量的体悟，举两个例子。

之前提到我在菲律宾担任总经理期间，因肝出现问题而休息一个多月，期间公司的生意还特别好。后来我才知道，我的一阶主管在各自部门集会时，都会先带领他们的部属们一起为公司的发展祈祷。这样的举动大大提高了团队的凝聚力,也难怪那时候大家都能积极地完成工作任务。

另一次经验是3M在2009年并购了一家工厂。这个并购一直在亏损,团队士气很差,2011年10月又遇上泰国水灾。当时工厂外水深超过1米,迫使工厂停工,许多员工都猜想,公司很可能会借这个机会把工厂关掉。

但实际上我们不但没有这么做,还买了两艘运补船每星期提供一次补给,由HR召集志愿员工载运米、油、泡面等生活物资到工厂,员工只要出示公司识别证就可以领取。而且工厂虽然停工,薪资还是照发,我也经常到厂里关注留守现场的员工生活情况。

就这样,等11月底水位开始降低,HR通知员工准备复工。几乎80%的员工是在复工当天一早就到工厂报到,并立即开始清洁环境与消毒。

经历此事件后,当地就开始流传3M是那个地区在水灾期间最照顾员工的公司,也让这群员工更珍惜这份工作。后来2012年第三季度,公司就转亏为盈了。

上述两个例子中,公司的组织一样、人一样,产品没变,客户也相同,唯一改变的就是员工的向心力,而这样的改变也确实带来了很大的效益,跨越了过去许久不能处理的障碍。

其实简单地说,员工向心力也可比拟为员工士气,一个士气高昂的团队是所向无敌的。但就如同前面所提到的,士气不能单靠改善薪资、福利和工作环境而得到，也可以说它不是可以收买的，必须要靠健全的组织、制度及优秀的领导团队去打造。

十三、何谓授权

前面几篇文章都提到的一件事,是许多企业高阶主管不知道,或者根本不愿意授权。其实授权确实也不是那么容易的事,我们过去所学习到的所谓贤明的君主,都是亲力亲为,要事必躬亲才是对的。不过这应该是过去的思想,从我自身的经验,充分授权是绝对可以有效提高企业生产力的,同时它也可以给员工提供学习和成长的机会,并借由充分授权的过程激励员工对工作的热忱,也凝聚员工的向心力。

所以我们可以这样说,授权的最终目标,是让员工能与企业建立起共同的价值观与愿景。

一般而言,一个企业当中,高阶主管大多大权在握,被授权影响较大的其实是中低阶主管。那么我们就从一个中低阶主管的角度来看授权代表什么。

1. 我很清楚自己被赋予的任务。

2. 我有自信、有能力完成我的工作。

3. 我能够决定执行工作的方式。

4. 我的工作在组织中是很重要的。

在实施充分授权时应先检讨组织是否具备下列条件：

1. 明确的组织与责任分工。

2. 有效率的内部流程。

3. 明确的个人及团队目标。

4. 有效的内部资源分配。

5. 了解并能严格遵守商业道德规范。

5. 一个具有向心力的团队。

在组织内应该如何进行授权？

1. 先从已具备条件的员工开始。

2. 公开讨论问题所在而非隐藏。

3. 保持信息公开与透明。

4. 提供适当的资源。

5. 适时的激励与奖赏。

授权的关键是要懂得如何因员工个人的能力、工作的积极程度等特质,而做不同层次的授权。

下面的两个图(图2、图3)很简要地说明了如何对不同特质的人授权。

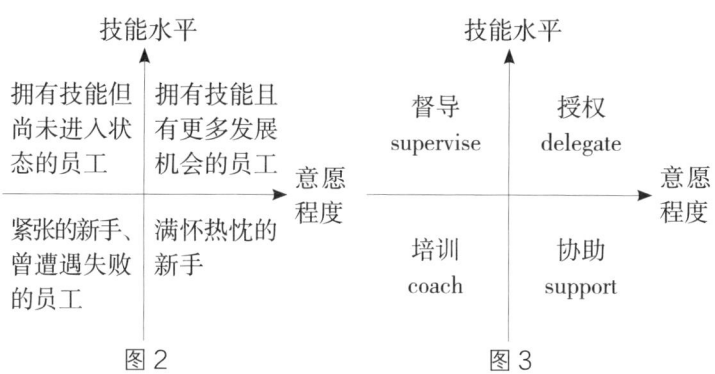

当员工能力强,又能主动积极地去达成目标,作为主管所要做的就是充分授权并提供其所需的资源,同时确保该员工的薪资报酬与其贡献相匹配。这些员工都是易被挖角的高危险群体。

面对新手,或是信心及能力较不足的员工,就谈不上授权了,主管必须多花心思关注,并提供培训以增强其能力,同时透过鼓励增加其信心。

面对一些很积极但能力及经验不足的员工,要在适当时机给予指导、建议及支持,然后让他们能够自行完成任务。

有能力但被动,且自主意愿不高的员工,解决的方法即善用目标管理,制订明确目标,并跟踪进度,让员工明白你清楚他在做什么。

我们如何去评估目前组织内授权的程度？这可以通过下列问卷中的几个简单问题去了解：

1. 在我工作的范围内，我能够自己做决定吗？
2. 我的建议大都会被采纳吗？
3. 我被鼓励去发现问题并解决它吗？
4. 当我必须独自做决定时，我有信心我的领导会支持我的决定吗？
5. 我是否得到足够的训练使我有足够的技能完成我的任务？
6. 我很清楚我的工作目标吗？

每当讲述授权的课程时，我都会播放一段 Itay Talgam 在 Ted Talk 的演讲。Itay 原是一位交响乐团指挥家，转身成为领导者的导师，他常在《财富》杂志等五百强企业及知名大学教授领导课程。他把主管和员工的关系比喻成指挥家和演奏者之间的关系，这个比喻非常有意思，也很微妙。如果你看过交响乐团的演奏，可能会注意到，每位演奏者都专注于乐谱及弹奏，很少有人注视指挥家，感觉指挥是多余的。但如果真的没有指挥，整个乐团就会产生一堆杂音，无法创造出美好乐章。

这不也像员工和主管之间的关系吗？我们希望每位员工

都能自由发挥去创造好的业绩或是成果,可是如果没有一位领导者带头统筹,恐怕就会乱成一团。而且我们也都清楚,在乐团中,指挥家不会精通所有乐器,而他却清楚知道什么时间点应该由什么乐器来表现,当某个演奏者犯错时,他也能立即指出来。

同样的,在组织里,领导者不一定精通组织中每一项工作,可是他很清楚谁应该在什么时间做什么事。当有人犯错时,也需要领导者实时指出并纠正。

还有当演奏者演奏时,当遇到转折或是某些地方该停顿或起始时,演奏者都会瞄一眼指挥家。这也像是我们在日常管理中,领导者不必时时下达命令,而执行者也并非随时等候指示。可是在必要时,领导者必须给予很明确的指示,以确定大家在同一步调上。

此外,乐团当中的每个人可能都对自己负责的曲调很熟悉,但在合奏时,还需要聆听左右,让节奏协调一致,才能奏出完美乐章。而这也是我们在组织中所谓的默契及团队合作,只有能够相互合作的团队,才能创造最大的绩效。

所以一个好的领导者,应该是能够经由充分授权来使团队中的个人能力发挥到极致,并能引领个人经由团队的合作,去创造最大的成果。

十四、Six Sigma 风暴

2001年，Jack Welch 的接班人选之一的 Jim McNerney 在离开 GE（通用电气公司）后来到 3M 公司。McNerney 在 Welch 的领导下有二十年之久，深受其影响。来到 3M 公司后，他很不习惯这家以"创新"而闻名的公司的企业文化。他想彻底改变 3M 的文化，他使用的其中一个工具就是 Welch 在 GE 所推行的 Six Sigma。

为此，3M 公司总部一道命令下来，公司开始在全球范围内挑选了一千名左右的 MBB 和 BB（Black Belt，六西格玛黑带）来执行这项工作。

全球所有员工，除生产线的作业员，都应受完整的 GB（Green Belt，六西格玛绿带）训练。训练分为两阶段，每一阶段五天，每天八小时，所有人放下手头的工作，努力学习。上完课后，每位员工无论职务高低，每人每年都要完成至少两个 GB 的项目。我记得公司有位基层员工向我哭诉说，以她的工作范围及内容，她实在没办法去达到这个目标。不过在当时，如果没有达到目标，考绩可能就有问题，无论你平时工作多努力也没用。

组织的人事升迁的制度更是以 Six Sigma 为导向，晋升的要件首先是看你是否有 MBB、BB 的资历，而非你工作上的表现及贡献。

一般来说，公司在推行 Six Sigma 时都以提高生产力、产品质量，降低生产成本为主要目标，不过 McNerney 却想用这个工具来彻底改变 3M 公司的文化，引发一场 3M 内部的文化革命。也因此，公司不少人员离职，尤其是 3M 公司一向引以为傲的研发人员，也有不少管理层的精英离开，甚至还有员工离职后对公司提起诉讼。不过 McNerney 或许是承袭了 GE 的文化，对员工的大量离职丝毫不以为意！

这场 Six Sigma 风暴一直延续到 2005 年 McNerney 离开 3M 公司才算平息，可是这对 3M 公司已经造成很大的伤害。然而，在公司内部大家却避免去讨论这件事，Six Sigma 虽然在持续进行，但很明显的，不再是那么积极。或许是当时有许多的高管也是因为当过 MBB 才高升的，也不愿意一下子就中止 Six Sigma。一直到 2007 年 6 月 11 日，美国《商业周刊》的封面文章标题，赫然是 "3M's Innovation Crisis—How Six Sigma Almost Smothered Its Idea Culture"（《3M 的创新危机 —— 看六西格玛如何扼杀了 3M 的创意文化》）。虽然公司的高层极力否认这篇报道的内容，可是它却对公司的基层员工造成了很大的影响，在同事间被相互传阅讨论。

回想我当业务员时，感到最骄傲的时刻是当我展示公司产品时，客户往往显露出惊讶的眼神，然后感叹："你们怎么会发明这么有创意的产品！"可是过去这十几年来已经很少看到3M的创意佳作了。

2005年以前，3M公司在《商业周刊》杂志每年评选的全球最有创意公司中都名列前十，有时甚至在前五名之列，可是最近十多年来在排行中都看不到3M的名字了。

3M公司在2000年年初时举办了一百周年庆，当时打出的口号是"世纪创新"。想不到用一百年建立的创新文化，不到四年的时间就支离破碎了。

不过如果就以此来论断McNerney在3M公司的贡献，也不全然公平。McNerney来3M公司之前，公司的股价都在50美元上下摇摆，经由Six Sigma的推动，获利大幅提升，也因此到2005年McNerney离开公司时，3M的股价已经超过了85美元。虽然在经历2008年金融危机后回跌，但2021年又回到了每股150美元上下。除了FED（美国联准会）大规模的放水的主要贡献，McNerney对3M公司的改造也不无影响。

我并不是反对推行Six Sigma，它是一个非常好的工具手法，经由DMAIC（指定义、测量、分析、改进、控制五个阶段）的方法流程去解决问题。

我当时遇到许多员工向我抱怨公司推行的 Six Sigma 对他们一点用处都没有，而且浪费许多时间。我对他们说，我们相信科学，也相信 Six Sigma 的原理及手法，只要我们懂得如何去使用它。

我记得 2003 年我在美国参加一个高管的训练，这是一个非常重要的训练，任何员工要晋升到最高阶的主管都要完成这个训练，训练时间为三周。

第一周都是课堂上课，第二周和第三周就做项目，CEO 会选定当时公司内部所碰到的问题出题目来看看大家是否有突破性的做法。因为项目的内容及最终的建议是要向公司的执行委员会报告，大家都很紧张，也十分专注。

我们那组有十二人，来自不同的国家，担任不同的职务，被指定的项目是和供应链有关的，可是组员中没有人有这方面的专业背景。结果项目的讨论和推进则是用大家都熟悉的手法——DMAIC，通力合作把项目顺利完成。

所以说 Six Sigma 在 3M 这样的跨国企业里，的确有它的效用。后来公司在 2010 年开始推动 LEAN（精实管理系统），也非常顺利，我想和大部分的员工都具备 Six Sigma 的基础不无相关。

十五、考绩打了没

到了年末,又是要打年度考绩的时候,这些年许多公司提倡按绩效计酬,考绩影响到薪水及升迁,更显得特别重要。

谈到考绩,第一个想到的就是公平性,每个员工都认为自己表现不错,很少有人认为自己不尽责。如果又恰巧碰到一位比较没有经验的主管来打考绩,部属和主管之间的沟通就会变得很复杂。为了避免纷争,许多主管就倾向于做好人,通通给优等,谁也不得罪,完全忘记了打考绩的目的。所以有时会看到公司的业绩不好,大大小小的问题有一大堆,可是人人考绩都是优等,试想,这样的公司,该如何去推动改造?

为了避免在考绩评定上的不公平,3M公司早期推行的一个制度叫作"共识沟通"。

首先HR会依公司当年度的各项绩效成果去分配考绩评等的分布,比如说以评1等至5等来看,4等和5等是优等,占全部人数的15%—25%(视公司该年度的成果而有所变动），而 1 等和 2 等是劣等，占 5% 左右，3 等则是中间，占 65%—70%。

在共识沟通会议前，公司所有员工的考核都已完成，送给 HR 整理。在会议的当天，所有一阶主管集中在一起，共同检视全公司员工的评等分配，逐一检视所有被评为 4 等、5 等和 1 等、2 等的员工，了解他们为什么会落在这个评等，评等是否有误，有什么主管应该修正的，等等。

这个会议是由总经理主持，HR 主管协同主持进行的。我在菲律宾和泰国担任总经理时都要主持这个会议。在会议中，主管们往往因主观和客观意见不同，产生许多的争论，所以主持人就必须及时做疏导、调解，甚至必要时做最终的判断。

为了使会议气氛良好，我都会请 HR 同事准备点心、饮料，午餐也特别讲究。一天的会议结束后，所有主管一起聚餐，调节一下严肃的气氛。

我觉得这是一个很不错的方法，虽不一定能达到完全公平，但最起码达成了一致，这对公司的管理来说是很重要的。同时，各主管，包括我自己，可以趁机多了解、关注公司里那些有贡献、有潜力或是有问题的员工，同时我也借此了解到我的一阶主管们的领导风格，我和他们之间的相处和互动也从中受益良多。

现在许多公司的人力资源管理都上了系统，和数字有关的评等如营收、获利等,系统会自动去抓数字给评等,但还是有许多和数字没有直接关联的部分必须填入主管的评论,尤其在考核表的最终都会有一栏"总评",这个部分是需要主管和部属进行沟通的很重要的一环。

我在我的直属主管考绩完成后,都会把考核表打印出来,请秘书订好简餐、咖啡等,在午餐时间和主管两个人坐下来边吃边谈,气氛好,又不被打扰。

至于我的二阶主管,有 50 多位,基本上我是不需要帮他们在考核表上写评语的。当他们的考绩被直属主管评定后,系统会上传给我一份,让我有机会也添加一些评语。这是一个很好的和员工沟通的机会。一个员工为公司辛苦了一年,你多花个十几分钟,说些感谢、鼓励或是建议的话,是非常有必要的。

因为直接在计算机上输入评论受网速限制,往往要花费很多时间,所以我常常在凌晨四五点的那个时段,思绪最清楚、网速较通畅时来完成这件事。

我的评论通常分为三部分:第一部分是感谢员工这一年特别做了哪些非常好的事情;第二部分是我希望员工能够再加强改进的地方;第三部分是我对员工在明年工作上的期许。每当我完成我的评论后,系统会记录输入的时间,所以常常有员工问我为什么会在凌晨打他们的考绩。我还开玩笑地说,我想到他们就无法安心睡觉,特别想起床。大家还信以为真，传为美谈。我觉得这对公司中阶主管们的士气有很大提振作用。

公司有一个训练课程叫"新主管训练课程"，是为第一次当主管的员工所开设的。我觉得这个课程非常重要，不但在开课的当天做开场介绍，还会亲自讲授一堂课。我最常讲的课就是绩效考核，这件事对初次当主管的人来说可是生平第一遭，分享经验是很重要的。

在课程中我一般给这些新上任的主管们分享在打考绩时所犯的错误，我也常用实际演练的方式来做练习。例如我出个题目，由学员担任主管，我则扮演员工，一问一答，其他学员则在旁边做笔记，看这位主管犯了什么错误，然后大家讨论。这种训练的方式非常实际又有效果。以下就是我在课程中常用的实例：

你手下的员工中有一位资深的业务员 A 先生有很优良的记录，每年都能达成业绩目标并与客户建立良好关系，所以过去的十多年，每年的考绩都维持在优等以上。

由于某些个人因素加上市场的转变，A 先生去年的业绩一直不能达标，今年更是每况愈下，客户对 A 先生也开始有了许多抱怨……

这个月到了期末考核的时候，你计划将 A 先生的考绩打为劣等，在面对面的会议上，你将怎么跟 A 先生沟通？

这是个在绩效考核时常遇到的问题，学员们都热烈讨论，这对大家的学习很有帮助。

在绩效考核时一对一面谈沟通是最重要的也是许多主管最不愿意去面对的一个环节，一般常犯的错误如下：模棱两可，淡化主题；主题狭隘，以偏概全；过度宽大，好人做到底；无依无据，缺乏信服力。

另外常见的错误往往是忽略了利用这个机会与员工讨论如何去改善与你对此的期望。

一对一面谈是让你的下属了解你在工作上对他们的期许，并让他们了解他们能做改善的空间的机会。所以奉劝各位主管，不要让打考绩沦为形式，而是应善用这个制度，来展现你的领导能力。

十六、生意不好是谁的错

在我辅导过的企业中,有不少是营收有一段时间出了许多问题的,转而求助于顾问公司。于是我的工作之一,就是听这些老板陈述、抱怨种种生意不好的原因,各式各样的问题,不一而足。其中抱怨公司中没有人才,员工们能力不足、努力不够,是我最常听到的。

我记得我的一位主管曾对我说,如果员工们天天在闲混,不认真工作,导致业绩不好,那么当公司出问题时,员工应承担责任。可是如果大家都很努力,生意还是不好,那麻烦就大了,因为我们不知道原因何在。他接着说,在这种情况下,该检讨的绝对不是员工,而应该是主管,尤其是单位中负责决策的最高主管。因为大家这么努力地工作,却不能得到成果,一定是决策有问题、方向有问题、组织有问题,基本上所有的问题都在于主管,所以主管应该好好地检讨,而不该怪罪于员工。

我觉得他的话很有道理，也注意到公司每当在遇到生意有状况时，通常是主管先被问责。举例来说，一个分公司的营运出了问题，先看是哪个业务部门有问题，如果严重，把业务部门负责人立即换掉是常见的做法。如果同时有数个业务部门的业绩有问题，那总经理的位子大多不保了。

在资本市场，这种现象更是明显。在表现不好的总经理下台时，华尔街都会以股票大涨来庆祝，颇有落井下石的意味。这种现象看似残酷，不过在跨国的大企业间，倒是很平常的现象。

反观中国的企业，比较不常以成效来决定人员的去留，基本上大家强调的只是只要有努力，有付出，就足以代表其牺牲奉献的程度，至于有成果最好，没有的话，也可接受，原因是大家都尽力了。

在这种氛围下，"努力不够"成了主管常常挂在口边的话，结果就苦了普通员工。大家从上午九点干到晚上七八点，只是忙成一团也不知道在忙什么，许多人六点下班时间到了，也不敢回家，只是因为主管还没离开，而其他同事也都还在。虽然人都在，可是只是在耗时间，并没有在做任何事情，因为是否努力工作才是主管最在意的。

我在职场三十多年间也常遇到生意不好的情况，不管是大环境因素（互联网泡沫、金融风暴）或是内在因素（产品世代改变的缺口、市场策略错误）。但在任何的急难状况下，领导者的担当与能力是最重要的。

我记得在互联网泡沫时期，生意差到不行，我同人的压力都很大。那时公司的员工休息室里有个小厨房，有次我在里面泡咖啡，不小心听到我部门的员工在休息室聊天，说到当时生意的状况，谈着谈着就有位同事说："我们不用太担心，我们有总经理，他很清楚该怎么做……"

他们并不知道我在小厨房里，讲的应该是肺腑之言。我听了很感动，也体会到一个领导在企业面临危机时所起到的重要作用。所以生意不好，应该是谁的责任？答案很明显的。

前面有篇文章谈到被解雇的代价是什么，其中提到我当时负责的一个项目发生了一些问题，我可能因此被辞退。我是这个项目的起草人，也是执行者，无论结果如何，我都应该负责，这是毫无疑问的。后来我虽然转任其他工作，不过也有长达五年左右我的职阶一直没有调升。我认为这个项目当初没有达成目标是我的过失，对我在公司管理层的信赖度还是有很大的影响。

身为公司的高阶主管，除了要有很强的工作能力，意志力、持久力也都要具备，才能在变幻莫测的市场环境下力争上游。

第三章
关于跨文化这件事

一、在文化差异里找趣味

在 3M 这家跨国企业里，有很多机会接触到不同文化背景的同僚。特别是当我负责亚太地区工作时，每年都要负责主办几次亚太地区会议，这时就需要用心思考各种文化上的差异了。

我喜欢将会议地点设在新加坡，首要考虑的是其酒店设备等级不错，也适应不同宗教及各种文化需求，可惜费用偏高。另外泰国也是非常理想的会议举办地点，除了酒店档次高，价格也非常合理。非要说缺点的话，就是由于气氛轻松，许多人会把开会当成度假，团体早餐或晚餐时都不见人影。

在这样的会议中，提问及讨论往往占据许多时间，从中也可以看到显著的文化差异。

通常印度人是最爱表现的，不仅问题问得多，答也答得快。此外，近几年中国大陆业务成长很快，连带大陆人发言也跟着变得踊跃。相比之下，中国台湾地区的人则是偏向比较少说话的。

还有东南亚地区可能是因为当时生意规模仍较小,也可能是受文化习俗影响,参会者整体发言不是很多,连来自菲律宾这个英语系国家的参会者都不是太积极。也因此,在一场国际会议中,会议主持人的角色相当重要,要尽可能让所有人都有参与的机会。

除了会议,再从另一种角度看看西方与东方文化的异同。

一般来说,东方人对主管是很敬畏的。当有主管来到下属的座位旁,他们通常会立刻站起来,但西方人不讲这一套。我负责亚太地区业务时,有一个美国团队要向我汇报。有时我到他们的办公室和他们讨论事情,只见他们坐在椅子上,跷着二郎腿摇来摇去,坦白说看起来实在不顺眼,不过入乡随俗也没有办法。

西方的企业解雇员工很干脆。我想员工之间,尤其是主管和下属之间,少有情感及伦理关系,可能也是原因之一。

作为文化差异的收尾,我读过的一个小短篇应该是最贴切不过了:

日本一家公司要招聘10名员工,经过几轮严格的面试,公司从300多位应征者中选出10位佼佼者。公布结果这天,一个叫水原的青年看见榜上没有自己的名字,悲痛欲绝,回到家中便要切腹自尽。幸好亲人抢救及时,水原活了下来。

正当水原悲伤之时,却从公司传来好消息:水原的成绩原是名列前茅的,只是由于计算机的错误导致水原落选。

正当水原一家人欣喜若狂之时,又从公司传来消息:水原被公司除了名。

原因很简单,公司老板说:如此小的挫折都受不了,这样的人在公司是成不了什么大事的。

美国一家公司要招聘10名员工。经过几轮严格的面试,公司从300多位应征者中选出10位佼佼者。

公布名单这天,一个叫汤姆的青年看见榜上没有自己的名字,悲痛欲绝,回到家中便要举枪自尽。幸好亲人抢救及时,汤姆活了下来。

正当汤姆悲伤之时,却从公司传来好消息:汤姆的成绩原是名列前茅的,只是由于计算机的错误导致了汤姆的落选。

正当汤姆一家人欣喜若狂之时,美国各大州的知名律师都来到汤姆的家中。他们千方百计地鼓动汤姆到法院告这家公司,声称需要支付巨额的精神赔偿,并自告奋勇当汤姆的律师。

德国一家公司要招聘10名员工。经过几轮严格的面试,公司从300多位应征者中选出10位佼佼者。

公布名单这天,一个叫萧恩的青年看见榜上没有自己的名字,悲痛欲绝,跳河自杀。幸好亲人抢救及时,萧恩活了下来。

正当萧恩悲伤之时,却从公司传来好消息:萧恩的成绩原是名列前茅的，只是由于计算机的错误导致萧恩落选。

正当萧恩欣喜若狂之时，萧恩的父母却坚决反对自己的儿子进入这家公司。

他们的理由不容置疑：这家公司工作效率如此差劲，进入这家公司对儿子的未来毫无益处。

同一个故事，在不同国家和地区有不同版本。可见不同的文化背景影响个人的思维方式、处事方式，会造成不一样的结局。

二、跨语言的趣味

我当初会进入 3M，其中一个重要原因是父亲希望我能到美国进修。所以我想，进美商公司既可以提高语言水平，又可以获得还不错的收入，一举两得。只是当初真没想到这一待就是三十四年，留学也没留成。

其实我的语言能力不算灵光，但当时 3M 除了文件都是英文，需要和外国人交谈的机会其实不算多，所以一开始我也不觉得太吃力。直到有一次出差去新加坡，三天里要听大量的英文汇报，和一群外国人开会，我才真正感到有压力。

不同于汇报有 PPT 辅助，听听读读基本上都能够连贯，会议晚餐前的酒会就不是如此了。那个年代，亚洲国家和地区中英文能力较强的是新加坡、菲律宾和中国香港；较弱的是日本、韩国和中国台湾。其中新加坡人除了英文好，也更喜欢表现自己，经常可以看到他们和西方人谈天说地，笑成一团，而我在一旁则是没完全听懂，索然无味。

但后来我发现,其实不是每个新加坡人英语都很好。有些人虽然说得唾沫横飞,但语法完全不正确。后来我加入亚太地区的工作,英语水平进步不小,有时去新加坡洽谈公务还会纠正一些人的英语用法。

在亚洲,除了新加坡人,菲律宾人的英语水平也算不错。以我的了解,他们上大学后基本上都使用英语,即使日常对话仍会使用本地方言,但也夹杂了许多英语在里面;此外,菲律宾官方语言、文件也都是以英语为主,所以我参加各种活动、拜访客户,基本都可用英语沟通。

还记得我到菲律宾后,因为在公司组织及人事管理上做了不小的改变,我决定要发一封信给全体员工,让他们了解我这么做的原因和目的。于是我先拟了一篇稿给人事经理,请她帮我过目一下。一天后,她很客气地告诉我,她把信照我的大意重写了一遍。我看了看,内容虽一样,文笔却大有不同,到底是我和她的程度还是差了一大截。

所以如果要在菲律宾上台讲话,不管是正式的或是非正式的,我一定会先拟好发言稿,确定内容的语法是正确的。但坦白说,我本来就不太是一个很会上台致辞的人,虽然经常上台汇报,但都是和业务有关,因此主题很明确,也有PPT辅助,大致还称得上应付自如。可如果是面对一大群观众讲一些没什么主题的事,我却很难做到。

我还记得上任第一天,适逢当月的庆生会,因为菲律宾人和西方人一样很注重生日,所以人事部门请我到会议室一起切蛋糕,并在切完蛋糕后,请我对大家说几句话。"哦!还要说话!"一时间我脑袋空空,过了几秒才回过神来。

后来这类场合太多,我就开始研究政治人物的发言。我尤其佩服一些政治人物被记者拦下来采访时,在完全没有准备的情况下的高谈阔论。

其实经过仔细分析后,我发现他们用的词句几乎大同小异,譬如说:这是件非常重要的事情、感谢大家的关心、我们会谨慎处理、民众的福祉是最重要的……不胜枚举。虽然仔细听就可以知道这些谈话没什么实质性内容,但我还是照着学,从此不论婚丧喜庆都难不倒我。只是上台后虽能侃侃而谈,可惜的是同样没什么内容,只是在浪费大家的时间。

在亚洲各地奔波了一段时间后,我已经渐渐习惯各种不同口音的英语,久而久之也能够由各种不同的英语口音判断出别人的国籍。我经常需要主持电话会议,有时七八个国家联机开会,真可谓是七嘴八舌。还好我对各种英文口音都很熟悉,知道是谁在发言,才能把场面控制住,使会议顺利进行。

说印度是英语口音最重的国家之一,应不为过。他们不仅说英语的速度飞快,也不在乎对方是不是听得懂。一开始我还暗自以为是自己的英语太差,但后来发现,印度人的英语,其实连美国人也听不明白,甚至有时候还需要我这个亚洲人帮他们翻译。

此外，印度人和你讨论事情时，经常会摇头晃脑，但他们的摇头不代表不同意你的说法，而是表示他在听你说话，可是也不见得是同意你的看法。

基本上每次到印度洽谈公务，我都得花个两三天去熟悉他们的口音，了解他们的想法，可是往往刚刚适应，却也差不多到要离开的时候了。

三、旅行的故事

加入 3M 公司前我从来没有去过外国，第一次出国是到新加坡开会。犹记当年申请护照还挺麻烦的，需要退伍证明、公司证明、邀请函等。结汇更困难，银行会给你一张表格，告诉你到哪个国家哪个城市一天可结汇的金额有多少，换汇完后还要在你的护照上标注，那时对外汇的管制非常严格。

因为 3M 指定差旅的饭店大都属于不错的等级，价钱相对也高，美元结汇上限根本不敷使用，所以往往只能到金饰店购买美金。而且也因为没有信用卡，所以在饭店办理入住需要预付房费时，就会看到我趴在柜台前数着大把的现钞，引来许多人的目光。

还记得我第一次去美国时，因为需要停留长达一个月，所以出发前只好在口袋里装上满满的百元美元纸币。当时我的美国同事 Mel 与他的太太到机场接我，他太太看我在饭店办入住手续时，从口袋中拿出厚厚一叠现金准备付钱，忍不住直说:"我从来没有看过这么多的现金,你把这么多现金带在身上也太危险了!"

此外,经常跨国差旅的人一定也都能体会,搭乘飞机其实是件蛮不舒服的事情。特别是长途飞行时,如果你旁边坐了个卫生习惯不好的乘客,或是前方乘客把座椅靠背调到最大限度,那整个航程简直就是活受罪。

下了飞机,一般在亚洲国家和地区具有相当等级的饭店都会备有礼车机场接送,就算要自己搭乘出租车也大多方便。但到了美国就完全不同,基本上都得租辆车。但不知为何,印象中美国租车公司柜台的服务人员动作总是特别慢,明明队伍不是很长,但经常一等就是半小时。好不容易到了停车场拿到车子,经常已经快到半夜。

而且当时没有像现在如此方便的全球定位系统,好不容易在密密麻麻的地图上找到了旅馆的大概位置,摸索上路,十有八九都还是会因找不到精确位置而迷路,所以抵达饭店时,往往已经是凌晨一两点了。

因为这个,也让我在美国有过一些印象深刻的体验。回顾20世纪90年代,酒店还不流行自助服务,但我在一家戴斯酒店体验过。记得我到这间酒店时,已是凌晨一点,酒店的大门也已经锁上。但外面的信箱中,有一格标上了我的名字,还附了个说明,告诉我用自己的生日数字输入密码,就能打开信箱。

第三章 · 关于跨文化这件事

在信箱中,除了房卡,还有一封欢迎信及两枚硬币可以到自助贩卖机买一杯迎宾饮料。考虑得十分周到。

对比之下,亚洲饭店提供的服务就好太多了。如到韩国出差时,公司都安排在五星级的酒店——首尔新罗酒店,算是韩国首选酒店之一,许多韩国政府招待的外国贵宾也被安排居住在这间酒店。韩国是亚太区业务中很重要的一个据点,我几乎每个月都需要去出差一趟,也因此成了这个酒店的VIP。但这个VIP待遇,让我出过一次大糗。

有次到韩国出差,星期一一大早进办公室和韩国电子电力产品部门的同事准备开会,只见秘书小姐娇羞地走进会议室,递给我一个包装精致的纸袋后,就头也不回地走出去。眼见所有人盯着我拿着纸袋,我在众人面前将纸袋打开,一看之下,居然是我的内裤。

一时之间所有人都傻眼了,韩国公司的经理还半开玩笑地问:"为什么我的秘书有你的内裤?"但当时连我自己都摸不着头脑,是后来才知道,原来是我上一次来韩国出差时,不小心将内裤忘在新罗酒店的房间内,这间酒店将它包装得干净精致,并且特地派人送到3M办公室。没想到有时候服务太好,也会造成困扰。

另外一个值得分享的经验,是我刚被外派到亚太地区工作时,在新加坡听了一家保安公司帮我们做的研讨会。那时3M大部分的亚太同僚都进驻在新加坡,公司希望通过这样的讲座,让我们这些终日在外旅途奔波的人了解旅行安全的重要性。

我觉得那次教学让我很受用,后来我每次进饭店办好入住手续,到房间后都会看一下门后的逃生路线图,了解我的房间位置和逃生门位置,做多了,就成为了一种习惯。

所以有一次在印度尼西亚雅加达出差,半夜警铃大响,我不慌不忙先拿护照,再带着手电筒准备逃生,结果听到广播是虚惊一场。但几个月之后,我看到电视报道有辆携带炸弹的汽车冲进了那家饭店大厅,死了不少人,真是可怕。

现在年轻人喜欢自由行,的确不错,到哪玩、吃什么美食,自己安排,不过也务必把安全放首位,任何意外发生,是什么都无法挽回的。

四、随地而吃

常有人问我，走遍世界各国，是否也尝遍了世界各地的美食？很不幸的，我对吃并不讲究，吃饭有时对我而言，好像是一个任务。如果人只需维生素就可以维生的话，我应该会采取这种方式。

因为工作需要，我常去美国，每次去都会在德州奥斯汀停留一两个月，3M 的奥斯汀中心是公司电子、通信、电力等产品的总部，在1980年末从明尼苏达州迁到这里。来到德州，就会联想到牛排，德州牛排的特征就是大块、厚重，我的美国同事常请我去他家吃烧烤。每次面对这么大块的牛排，我实在不知该如何解决，但到人家家里做客，不吃完又觉得不礼貌，只能说："太好吃了，我想带回去，明天再吃。"

虽然牛排让人印象深刻，但在奥斯汀，最让我印象深刻的其实是一家卖海鲜的餐厅。

那是一家价格亲民的自助餐厅。餐厅的场地很大，完全自助，进去先付钱，拿一个围裙，把一张大的白纸铺在桌子上，再拿个篮子就可以去拿食物了。在食物台上，有螃蟹、玉米、马铃薯、大明虾等，吃完一轮，用桌上的白纸把蟹、虾的壳包起来，丢到垃圾桶，再拿一张白纸铺好进行第二轮。

我虽然没有特别爱吃西餐，但对西式早餐非常向往，比起豆浆、稀饭、烧饼、油条，我觉得西式早餐营养又丰富，各式各样的面包、培根、火腿、蛋、色拉、果汁、牛奶等，吃完一餐好像一天所需的能量都补足了。

奥斯汀中心的规模不大，可容纳四五百人，公司地下室设有员工餐厅，外包给一家餐厅经营，东西又贵又不好吃，这让原本就不是很喜欢西式餐点的我常为午餐而苦恼。后来我每天在酒店餐厅吃完早餐，就顺手再做个午餐便当，放入自制三明治、杯子蛋糕、酸奶、香蕉等。每到午餐时间，一桌六七个人，只有我这个外来的自带便当，我还和奥斯汀的同事们开玩笑说让他们自己反省一下。

到了周末更是我大显身手的时候。我住的酒店主要客群是家族旅行或长住商务客，每个房间都有一个简单料理台，也有微波炉、碗盘、刀叉，所以我只要到超市选块好牛肉，就可以炖一锅牛肉，还可以请隔壁的房客共享，也因此结交了不少朋友。

回到亚洲，日本是我当时经常拜访的国家，而一说起日本，自然会想到日本知名料理——生鱼片。但我对生鱼片虽不讨厌，却也不特别喜好，倒是有段时间常去山形县日本分公司所属的一家工厂，当地有一家餐厅只卖荞麦面，里面有张大桌子，是从一棵大树的树干平切而得，有一米多宽、八米多长，大家就围着桌子吃荞麦面配炸物，非常简单的食材，但却十分可口。

还有一次印象比较深刻的是在 20 世纪 90 年代末。当时日币涨到 80 日元兑 1 美元，又适逢亚洲金融危机，公司削减预算，所以有一晚我和日本同事就找了一家拉面店站着吃，外加一个饭团、一杯啤酒。这应该是我在日本吃的最便宜的一餐，却至今都回味不已。

另外日本让我回味的还有公司内部餐厅的鳗鱼饭。每次我去日本公司的第一天中午，日本电子部门的主管都会请我去总部一楼的餐厅 VIP 室吃鳗鱼饭，肉身肥厚多汁、又有弹性，非常可口。

除了日本，另一个我经常到访的亚洲国家是韩国。通常说起韩国美食，就会想到韩国烤肉。我记得有家叫 Samwon Garden 的餐厅，规模很大。当时我和韩国同事常去，不过可能是有许多外国游客，口味有所改良，所以不算是正宗韩国烤肉。有一次我请同事带我去韩国人会去的烤肉店，那是在首尔市郊的一个家庭式餐厅，大家都脱鞋坐在地板上。就是在那一次，我才第一次发现泡菜原来有那么多种，而且无限供应；至于烤肉，其实和一般餐厅差不多，不过增加了牛舌、牛肚之类的品类,另外还加了一个泡菜锅,里面放了泡面,可以饱腹,但算不上可口。

说实在的,韩国料理并不合我的口味,尤其是冷面,铁碗是冰的,汤是冰的,面是冷的,整碗下肚,整个肠胃系统凉飕飕的,不是很舒服。不过我倒是很喜欢韩国炸酱面,它的面很有弹性,炸酱的酱汁也比较滑嫩,上面浇上豌豆仁,配上一碗牛肉清汤,非常美味。

如果来到南亚,我想大家公认的美食就是泰国菜了。在泰国菜中,我个人最喜欢的是绿咖喱和泰式酸辣汤,可以说是百吃不厌。

不过相对于去蓝象、Baan Khanitha 这类高级餐厅吃泰国料理,我反而更喜欢巷弄里的餐厅。我吃过不下百家不同的泰式酸辣汤,味道最好的是公司附近的一家小店。

至于绿咖喱,我则是推荐在曼谷素坤逸卡尔顿酒店后面时代广场地下室的一家小店。因为那里离我常住的酒店很近,我在1997年开始跑亚太地区时发现了它,后来搬到泰国就更常去了,老板一律给我打八折,一直到现在。

当然,在外久了,偶尔也会思念台湾菜。在菲律宾的时候,我都会请司机带我到唐人街,一进唐人街就能看到一个大的天主教堂,旁边有一家"新竹排骨面",虽然味道不怎么样,不过好歹也算是排骨面。隔几步路有一家小馆卖类似鱿鱼羹之类的,我只去过一次,羹煮得黏黏的,好像在吃糨糊。

到了泰国就不同了,泰国的华人,基本上是从潮州来的,所以有很多潮州餐馆,如受到许多观光客欢迎的名店——建兴酒家。此外,泰国大部分的美食街也能吃得到中华料理,像海南鸡饭、烧鸭面等。

不过要是怀念起正宗的台湾菜,选择就不多了。但我还是找到一家台湾人开的餐馆,叫 Demi,从蛋饼到盐酥鸡、牛肉面,样样都有。我最喜欢他们家的炒腰花,配上一碗面线,好不过瘾。

第四章
关于创新这件事

一、《愤怒的小鸟》与创可贴

我们总是认为创新即新产品的研发,这其实是不对的。新产品的研发只是创新的一种方式,并不是全部。新产品研发需要投入大量的资源,冒着极大的风险。

一般而言,新产品从前期研发开始,到产品开发后的商业化所需的营销费用,需要投入不少的资金和人力。况且从研发、上市,再到获利,往往得历经相当长一段时间。这对资本雄厚的大企业来说或许没什么,但对中小企业来说,资金的压力和风险却非常大。过去很多失败的例子,就是因为产品研发过程中,资金不足,终告放弃。

所以企业在思考创新时,除了产品,也应同时思考其他模式和路径,如商业模式的创新、品牌的创新、渠道的创新、生产的创新等。这些"非产品创新"所需的资源较少,但有事半功倍的效果。

以我自身的经历作为实例,3M 在 2008 年收购了泰国一家小型制造商，专做伤口贴布等产品，其中一个主力产品就是创可贴。这是一个很简单的产品，不需要复杂的生产技术，也就不难想见在通路上的价格竞争很激烈。而且 3M 在当地药妆市场的品牌知名度不高，很难通过高定价来盈利，也就导致这条产品线一直处于亏损状态。

为了改善这个情况，团队一直尝试从产品改良的角度思考提高产品价值的方法，希望能以此提升毛利率。如我们曾经想要在创可贴中间的绵织布上加碘酒，如此就能兼具治疗效果，而且评估在生产技术上没有很大的困难。

然而，因为这样的产品具有医疗功能，必须先通过美国食品药品管理局的核准，而这个审核期却可能需要两三年。这对当时的我们来说，根本缓不济急，更别说我们对市场接受度也没有百分之百的把握。

正当大家都在伤脑筋时，有一位年轻的营销人员提出一个提案，她建议在创可贴上印上当时非常流行的《愤怒的小鸟》游戏角色图案。她建议选出五种大家最熟知的图案，并且也开始接触《愤怒的小鸟》游戏开发商 Rovio 泰国分公司，商谈授权的可能性等问题。

虽然不确定消费者是否会为印上《愤怒的小鸟》游戏角色图案的创可贴买单，也还不知道这么热门的游戏是否会喊出高价授权金，但这个提案确实让大家眼前一亮。

让人相当惊喜的是，实际接触后，对方意外地没有提出高额授权金要求。而且 Rovio 虽不看好这个计划，但因为 3M 在国际上品牌形象良好，所以还是同意在泰国市场给我们提供游戏角色的图案授权。

Rovio 也不愧为一家跨国公司，虽然公司规模不大，却很严谨，我们的打样经过数次的对色、调整，送至芬兰总公司核准后，终于可以投入生产。

终于，第一批有五种图样的量产品在屈臣氏、Boots 等泰国大型连锁药妆店，以及超市内的药店上市，7-11 超市作为次要通路。而产品上市才没多久，就在泰国引发抢购热潮。通常一盒约 50 泰铢的创可贴，我们卖 80 泰铢，小孩子们到店里，一买就是两三盒（因为有五种图案），市场上一下子就缺货了。原因是小朋友贴在手上到学校炫耀一番，每个小朋友都只要花 80 泰铢，就能赶上时髦，是很划算的，这样就带动了更多小朋友购买。事实上买得最多的是游客，因为只授权给了泰国，别的地方买不到，才花 80 泰铢，就可以买到一件稀奇的伴手礼，实在是太划算了。

试想通常一个家庭一年顶多买一两盒创可贴（一盒有十片），但经由这个改变，创可贴不再是护理产品而成了时髦的装饰品。这个产品的销售量在当年成长了数十倍，获利更不用说。

这个产品创新全是来自营销人员的构想，是典型的不经产品研发来创新的案例。从这里我们学到了不要再完全依赖于产品的研发创新去成长，而且创新的方法及模式是无限的。

二、谁在公司里创新

在前一篇文章的案例中,我们了解到如果企业只把创新寄托在产品研发上其实是不对的。但创新的主力也不必是营销人员。或许我应该这么说:创新应该是企业组织中,每一个人的责任。

譬如人力资源要用创新的思维来设计规划能够启发创新的组织、制度,使企业有良好的创新环境与氛围。而财务部门则要确保公司资源分配得当,确保对创新的投资能得到最大的效益等。

而在新产品开发过程中,营销人员通常是所有创新活动的主导者,因为任何新产品开发,其最后目的是要给客户带来新价值,使客户愿意付钱购买我们的产品。所以营销人员在整个新产品开发过程中,必须随时对标开发中的产品与客户需求。

因此,我们应该这么说:"从企业的最高领导者,到企业最基层的每一位员工,每个人都有机会,也有责任借由创新来为企业创造新的价值。"

我经常会被问到一个问题:你认为公司里哪些人最能表现出创新的行为?而我会不假思索地回答:"公司里最基层的员工。"

举例来说,在 2011 年泰国水灾期间,交通完全中断,我们的员工想出一个办法,将一艘简单的小船绑在货车上,一旦遇到水深的地方,就把货移到小船上,纸箱外部都包上塑料袋保护,避免溅湿。如此让公司可以正常出货,也帮助公司在淹大水期间承接许多因其他公司无法出货而转来的订单。这些举动并非高层下的命令,其实是仓储运输部门的员工自己想出来的。

我还有另一个有趣的创新实例,是我从泰国的司机身上得到的。

去过泰国的人可能都体会过曼谷堵车的情况,许多时候一千米得要花上半个小时才能通过。以我自己来说,虽然住的地方离公司只有三四千米的距离,但需要绕行,一旦碰上堵车,经常也要花上一个多小时才能到家。

但我的司机 Sawan,当时不知去哪弄到一张通行证,因而可以借由其穿越横跨两条街中间的一个行政中心,大大缩短我回家的时间。

还有一个有趣的例子,有位营销人员在生产线上,看到用在LCD模块中的增亮膜在加工过程中会产生许多废料。而这些大量废料,最后必须要绞成碎片,再付费请废品回收公司带回处理。

当时他随手在地上捡了几片,回到家就装到小孩做功课的台灯的灯罩下,结果发现原本闪烁不停的光线变均匀了,3M公司有名的博视灯也就这样被发明出来了。

这些员工的特质是一旦遇到了问题,就自己想办法去解决,其实这也正是创新的本质。

三、如何为创新设定目标

"创新"二字看似虚无缥缈,但企业创新其实是可以制定目标的。

以美国 3M 公司为例,其目标为年营收额的 40% 必须从过去五年内所开发的新产品销售上获得。公司将这个目标很明确地传达给每个员工,让每个人清楚个人及团队目标,并于每季度及年度末检讨目标达标率,作为年度绩效考核的指标之一。在我看来,这是企业推动创新与管理很重要的一个步骤。

因为没有目标的创新只是随心所欲、任意而为,也会因为没有目标,难以管理,最终落得损耗大量资源却失败的下场。当然,即便定下明确目标,也不能保证创新一定能成功,但创新若有明确的目标,那么就算是失败了,至少还能够分析出失败原因,作为日后改进的依据。

在我辅导过的许多企业中,许多企业的研发部门都认定营收应该是业务部门的责任,因此不愿接受设立新产品营收目标这件事,更遑论获利目标了。但实际上,不管研发多复杂高深的新产品,最终目的都是带给客户使用上的便利,所以新产品是否能够商业化,必然是研发的终极目标,而其所能带来的商业价值,本来就应该成为研发成果的目标。

我和研发人员一起讨论他们手中的研发项目,得到的经验是,许多研发人员都着重于开发出一个非常高层次的技术或是产品,并为此感到骄傲。但技术层次那么高,也必然旷日费时,如此完成的时间就会是一大难题,更别说高层次技术是否可以在产品上实现,并被市场广泛接受,都是未知数。也因此,研发成果的价值就很难用时间及金钱回报来计算。

像3M这么一个创新且产品丰富的公司,却从不以自己是个高科技公司自居,而是以改善人们的生活为目标。如一块小小的便利贴,不是什么高科技,使用上却很方便。

简单地说,研发的目标应该就是要开发出产品,能让顾客满意,进而能为企业创造营收。

除了营收,另一个对研发考核的指标是研发过程所需的时间,所谓产品开发周期。在市场竞争如此激烈的时代,研发速度可以说是决胜关键。

我记得在20世纪80年代末,3M开发出一种应用在计算机主板上,插接SIMM(单列直插式内存模块)板的插座。那时这块市场是被一家美国A公司的产品所独占。因为这个插座在使用上要插拔SIMM板很多次，但该公司的产品其中有一个卡榫采用塑料材质，不但缺乏弹性也容易断裂，就成了我们眼中的切入点。

抓住这个痛点，3M工程师设计出一款金属卡榫，可以解决插拔的问题。但非常可惜的是，在申请专利过程中，比另一家美国竞争厂商M公司晚了三个星期，最终无法取得专利，也因此损失了上千万美元的商机。

其实工程师们所受的训练大致相同，思考逻辑也很相似，所以雷同的想法是很容易产生的，也因此商品的研发时效就很关键。

除此之外，产品研发后导入量产的过程也会影响到产品上市时效，如何使研发、生产及物料控制、生产，一直到营销间的连续紧密结合，不会有交接中掉棒的情况，是非常重要的。

近十几年来，许多公司都导入了NPI（New Product Introduction，新产品导入）流程。这是个可以对新产品开发流程做有效率及有系统管理的工具，大大提升了新产品开发效率，也缩短新产品开发时间。

但很遗憾的是，许多公司花了不少钱建制NPI系统，大部分却没有使用。而当我问相关公司负责人为什么时，只见他们个个愁眉苦脸，怨声载道。

我所听闻的NPI导入常见失败原因主要有以下几点：

1. 大多数企业认为既然 NPI 是新产品开发流程，就把所有导入 NPI 的工作丢给研发去管理，但事实上研发流程只占整个 NPI 流程的一部分。

2. 许多企业未将内部新产品开发的流程中各部门的权责分工定义清楚，只是硬把系统供货商的软件套用上去，使整个流程运作起来滞碍难行。

3. 因为上述两个原因，每次遇到问题大家都去责怪系统，但系统的功能是协助横向流程与管理，如此抱怨也无法解决问题。于是，因为问题无解，老板不高兴，往往就跳过系统，直接下命令。从而演变成自上而下的指挥体系，只有直线的管理，没有横向协调。至此昂贵的 NPI 系统流程被打入冷宫，大家都在等老板的指令。

这不只是中小企业才会遇到的问题，我记得二十多年前 3M 刚导入 NPI 流程时，也发生过类似情况，后来经过几年磨合，才把问题给解决。后来到 2000 年左右时，3M 发现由新产品带来的营收和获利出现明显下降，因此下定决心要彻底执行 NPI 流程。当时主要做了以下几项改变：

1. 将 NPI 新产品开发流程更名为产品商业化流程。如此让员工认知产品开发的终极目标即产品能在市场上大量销售。

2. 基于上述的改变，NPI 流程的管理者也就指定营销人员而非研发人员担任。理由是，营销人员在产品开发前，要做许多的市场调研，了解客户需求、竞争对手情况，以及分析市场趋势和未来营销的目标和方法。如此，在新产品还没诞生前，就把它的后续都规划好了。

3. 对流程中的每个阶段，负责人员应严守纪律，确实执行。高阶主管应亲自参加阶段审查，让所有参与者了解其重要性。

4. 详细的财务规划与管理。新产品的未来销售预测、毛利率（价格、成本）、研发所需的费用、制造所需的投资等都要做精准的预估。一般而言，在可行性评估阶段就要做出预估损益表，之后再不断修正。

我在分享这个做法时，许多企业老板都问我："初期许多数据都不够，这样的预算有用吗？"但以我自身的经验，刚开始执行时，确实发现初期的财务预估和新产品上市后实际情况有较大落差，差距甚至可以在30%至40%之间。不过也因此，我们每次都去分析产生差异的原因，避免以后发生同样的错误，也因此两三年后，我们的误差已缩小至10%左右。试想，如果我们一开始不这么做，就永远不会进步了。

一个企业要持续成长，必须不断有新产品上市。NPI如果能执行得好，不仅能提高企业新产品的研发效率，更能确保新产品能贡献营收及获利成长。希望大家读了这篇文章后，能回去检视自己企业的 NPI 流程，同时制订每个新产品的销售及获利目标，制订 NPI 周期的时间表，并能定期检讨、评估、改变，相信对企业成长一定有很大的帮助。

四、创新其实有公式可循

创新是有些模板可以套用的,如果使用得当,就可以达到事半功倍的效果。

以 3M 公司为例,把它的材料技术、制程技术、测试分析能力,以及应用技术清楚排列出来,就像是我们在使用的元素周期表。到 2010 年为止,它拥有共计四十六种核心技术组成的平台,透过应用不同技术元素的交叉汇编,推出了至少六万种可以应用在不同产业上的产品。

还有如德布林的十种创新模式,则是把十种创新方法清楚排列出来,让使用者能充分思考及运用不同创新模式的组合,达到其创新的商业行为。

德布林把创新归类为十种:

1.商业模式创新:企业以各种不同的营运方式获取营收及利润。

2. 网络创新：借由与其他企业联盟、并购、连锁、整合来创造新的价值。

3. 结构创新：企业由人力、资产的运用整合创造价值。例如：外包、客服中心、契约雇佣等。

4. 流程创新：由流程的改善去创造价值。例如：在地化、自动化、物流系统等。

5. 产品创新：开发具有特色及功能的产品。例如：式样、功能、款式、方便、环保。

6. 系统创新：提供服务的作业平台。例如：作业平台、整合、文书工具、应用软件。

7. 服务创新：由服务增加商品的价值。例如：客制化、即时消息、礼宾服务。

8. 通路创新：商品与客户间的通路改变。例如：网络销售、多层次销售、直销。

9. 品牌创新：商品、服务或企业本身给予大众的形象。例如：品牌延伸、自有品牌、共享品牌。

10. 客户参与创新：由与客户的互动创造价值。例如：个人化、社群网络、粉丝、尊荣、专属。

全球快餐业的巨头之一——麦当劳，就是一个很典型的结合多种创新模式而成功的例子。如果你看过《大创业家》这部电影，就可以了解为何一个简单的汉堡能够造就一个跨

国大企业。简单来说,麦当劳的创新包含了德布林创新十型中的:

1. 产品系统创新:把"汉堡+薯条+可乐"结合成组合套餐。

2. 流程创新:把制造装配生产线的概念应用于汉堡的制作,使生产效率加快,质量统一。

3. 服务创新:开放式的厨房,使顾客可以看到清洁与卫生;"得来速"的服务,快速又方便。

4. 通路创新:首次把加盟店应用于快餐业。

5. 品牌创新:"M"形的金色拱门在美国的公路、亚洲的都市中占有明显的位置。

6. 客户参与:麦当劳叔叔的形象风靡全美国。

正是综合多种创新模式,才造就了今天的麦当劳。

在德布林十种创新模式中特别要强调的是商业模式创新。这是一种非常有效的创新模式,这种创新因为没有大量资本支出等的投资,所以是风险相对小但回报较高的创新方式。

我在工作中,有许多借由商业模式改良来创造获利的经验,除了前文提到的创可贴,这里再举一个大家熟悉的例子。

3M有一个产品,相信多数人都不陌生,就是医用透气胶带。这个产品以无纺布为背基,另一面涂上特殊配方的胶水。因为无纺布透气,所以可以让皮肤比较舒适,而特殊的胶水则是让伤员在撕下来时减轻疼痛感或避免留有残胶。

透气胶带在三十多年前被发明时,属于当时 3M 医疗保健部门的产品,主要销售对象是医院,与其他医疗保健部门产品一样是典型的 B2B 商业模式。

这个产品刚推出时,广受医疗人员好评,每年销售量都是快速增长。但近十多年来亚洲新兴国家制造技术能力进步非常快速,类似 3M 医用透气胶带的产品不断在市场上出现。而因大部分大型医院的采购都采用公开招标的方式,对价格偏高的 3M 产品非常不利,3M 也因此渐渐失去许多生意。营收表现不佳,获利自然也跟着节节败退,可以说这个产品线逐渐进入了产品周期的末期。

但公司的业务员没有因此气馁,他们发现医院低价采购的胶带质量很差,不好操作,有时不够黏,贴不住伤口;但有时又太黏,撕不下来,甚至残胶还会引起皮肤过敏,让患者很不舒服。

可以想象,人在病痛时心情本来就不好,又遇到这种情况,火气就上来了,那这时倒霉的就是护士们了。

3M 的业务员见状,灵机一动,决定请护士们做一件事,就是告诉病人家属:"我们医院买的胶带质量没有那么好,有时候包扎或拆开伤口时,病人比较不舒服,你们可以到楼下便利商店或药妆店买一卷 3M 的医用透气胶带，品质很好，我就用那卷胶带帮你的患部包扎，会让伤口比较舒服。"

哪有家属不希望自己生病的亲人能减少痛苦的，所以几乎所有家属都会到楼下的药店买卷 3M 的透气胶带。从此这个生意的商业模式就由原来的 B2B（销售给医院）转变成 B2C（销售给患者）。

在 3M 内部，这个产品部分的业务也由原本的医疗保健，移转到消费者医疗保健部门，并因此得以赚取更高的利润。没想到一个日暮西山的产品线，因商业模式的转变，不但延续了生命，还能增加获利。

在我们周遭还有许许多多商业模式改变的例子，如大家所熟知的网络购物，就是一例。还有这几年流行的共享经济，如 Airbnb 等，更是变化多端。

五、建立企业家精神文化

我在前面的章节中曾提到，所谓企业家精神应该指有专业知识、领导能力，以及有远见和获取新知识的学习能力，并且还要能够对所被赋予的使命全力以赴。而这也不专属于企业老板或主管，事实上，每一个人在自己的职务上都可以表现出某些企业家精神，进而在企业内部建立起企业家精神文化。

这段话听起来可能不是很容易理解，我在这里举个比较具体的例子说明。

以业务代表为例，通常新进公司且之前无业务经验的业务员，叫作初级业务代表（S1）。经过两三年工作，如果业绩都能达到目标，很自然地就晋升为业务代表（S2）。再过两三年持续达标，再升为资深业务代表（S3），以此类推，最终成为业务专员（S4）。

许多公司制度大多相似，不过对S1—S4的职务名称可能有所不同,有些在S2就被称为业务主任,S3被称为业务经理,S4被称为业务处长,不过一般而言,由S1到S4要十到十五年的资历。

这样的晋升方式很普遍,却也像公务人员的晋升制度,基本上只要不犯什么大错,上面交代的任务也都能达成,晋升也就顺理成章了。

不过如果我们用下表(表1)说明S1—S4在职务上的基本不同,可以看出除资历、位阶的提升,更重要的还是需要着重于业务人员在个人专业能力上的进步及素养的提升。

表1 业务员职务能力等级表

职务能力＼业务员等级	一级(S1) 初级业务代表	二级(S2) 业务代表	三级(S3) 资深业务代表	四级(S4) 业务专员
企图心能力	提供产品资讯	取得订单	取得合同	取得客户的协定
着重策略	产品	客户	竞争对手	客户的客户
客户关系	普通	信任	互利	伙伴
价值成果	另一种选择	解决方案	共同发展	长期策略伙伴

简单来说,当初级业务代表拜访客户时,他们的能力及设定的目标,只着重在介绍公司产品、提供必要产品信息,希望客户在做选择时,可以优先考虑自家公司。在这一级别,业务代表和客户的关系很普通,能做到的也只有如此。

可是当初级业务代表成为业务代表时,他们对客户的需求已经有了相当程度的了解，同时与客户的关系也更上一层，足以取信于客户。那么在这个情况下，因为充分了解客户需求，就能找到最适合的产品帮助客户解决问题，对订单的取得也有了更高把握。

再上一层，当业务员成为资深业务代表时，应该已经和客户建立起共同发展的互利关系，所以他们取得的不该只是下一笔订单，而通常是一个中长期的合作关系。这也是为什么资深业务员通常负责的都是公司里比较重要的客户。

至于业务专员，他们已经是能代表公司和客户建立长期关系的人。为了协助客户解决问题，他们的触角不能只触及客户，还必须去了解客户的客户的实际需求，进而他们才能与客户的客户共同开发产品，以满足最终端客户的需求。到了这个层级的业务专员，多已是业界的顶尖人物。

我常常用这张表格和业务员讨论，让他们了解业务员的工作不只是拿订单，把业绩达成就可心满意足，还要不断地在产业的专业、客户的发展，还有商务处理能力上求进步。

以我自己的亲身经验为例。我进入公司主要是负责通信产品，主要的客户是台湾"交通部"电信总局。那时正赶上台湾全力推展基础建设，3M 的产品可以应用的地方很多。不同于其他供货商只是做做 PPT，我花了许多时间和台湾"交通部"电信总局工程师一起工作，先去了解他们的系统，再去测试分析 3M 产品应用上会有哪些问题。

也正因如此,我与客户的上层管理人员乃至工程队领班、作业员,都联系密切。有时我们一起在办公室和工程师讨论规格、工法,有时到现场工地与作业员一起下人孔盖,在下水道一起试作我们的产品。所以我的车上往往不能只准备西装、领带,还备有夹克、头盔和雨鞋。

在这样的过程中,我获得了充分的学习机会,也几乎成了这个行业的专家。大家知道我不仅懂理论,也精通现场实作。加上我常常到电信训练所授课,因此交了不少工作上的朋友,更帮我赢得了大家的信任,遇到任何问题,大家常常都会立刻想到请我协助。

当台风过后,我基本上都会参与抢修作业,也顺便告诉大家用了3M的产品,台风暴雨洪水也不会有问题,又因此赢得不少生意。

我当时的信念是,公司的通信产品由我负责,所以我把它当作我自己的企业来经营。在我负责这个产品期间,市占率几乎高达百分之百,不但为公司赢得营收及利润,也为客户建立了高质量的通信系统,使公司和客户之间形成了互利的伙伴关系。

对我个人而言,这是我在三十五年的职场经历中最有成就感的一段时间,更可贵的是这段时间的历练和学习对我日后的工作表现有很深的影响。

后来我在3M转任其他职务,不再负责通信业务,但我还是会和许多熟识的电信老同人保持联系。即便有些老领导已经退休了,逢年过节我还是会去拜访他们,叙叙旧,因为他们都是曾经指导我的贵人。

  我常在业务员的培训中用我自身的例子和前面的表格去说明我对业务员的期许。同样地,我们也设计类似的表格给营销人员、研发人员、生产部门的工程师等,让大家都了解如何在自己的专业上学习与成长。也因此,每次我被派任哪个职务,哪里的生意就会好起来,不但如此,员工的士气也很高。我想,这应该都归功于能够在组织中所建立的企业家精神文化。

后 记

原本我写这些文章的目的,是希望能把我的所见所闻与大家分享,不过因为我不是专业学者,我的论述有时不容易被理解甚至会被诠释成非常不同的观点。我诚挚地希望大家在读这本书时,能够从各种不同的角度来思考,或许可以从这些文章中获取一些心得。若能给大家在学习和工作上带来些帮助,那我也就心满意足了。